KARL KAUTSKY

Secrétaire d'État adjoint des Affaires Étrangères d'Allemagne
lors de la Révolution du 9 novembre 1918

COMMENT S'EST DÉCLENCHÉE

LA

GUERRE MONDIALE

Avec les documents secrets de la Chancellerie allemande
annotés par Guillaume II

Traduit par VICTOR DAVE

PARIS

ANCIENNE LIBRAIRIE SCHLEICHER

ALFRED COSTES, ÉDITEUR

8, RUE MONSIEUR-LE-PRINCE, 8

1921

COMMENT S'EST DÉCLENCHÉE

LA GUERRE MONDIALE

KARL KAUTSKY

Secrétaire d'État adjoint des Affaires Étrangères d'Allemagne
lors de la Révolution du 9 novembre 1918

COMMENT S'EST DÉCLENCHÉE

LA

GUERRE MONDIALE

Avec les documents secrets de la Chancellerie allemande
annotés par Guillaume II

TRADUIT PAR VICTOR DAVE

PARIS

ANCIENNE LIBRAIRIE SCHLEICHER

ALFRED COSTES, ÉDITEUR

8, RUE MONSIEUR-LE-PRINCE, 8

1921

PRÉFACE

A la suite de la révolution du 9 novembre 1918, les délégués du peuple me demandèrent d'entrer, en qualité de
Secrétaire d'Etat adjoint, au Ministère des Affaires Etrangères. Comme une de mes premières tâches, je m'y appli-
quai, tout d'abord, à rechercher si des matériaux accablants
n'avaient pas été enlevés de ses Archives, ce qu'on craignait
fort à cette époque. Je ne pus rien remarquer cependant qui
fût de nature à confirmer ce soupçon. Les premières constatations, faites au hasard, me révélèrent, au contraire, l'existence de matériaux importants. Je proposai aux délégués du
peuple de publier, en premier lieu, les documents relatifs à
l'explosion de la guerre. Le peuple allemand avait incontes-
tablement le droit d'apprendre la vérité sur les hommes qui,
jusqu'alors, avaient été ses dirigeants. C'était nécessaire
aussi, parce que, par là, on démontrerait clairement à
l'étranger méfiant, que la rupture avait été complète entre
le nouveau régime et l'ancien.

Les délégués du peuple furent d'accord avec moi et me
confièrent le soin de colliger et de publier les documents en
question. L'attitude que j'avais observée jusqu'alors garan-
tissait, du reste, que des matériaux gênants ne seraient pas
supprimés par moi. On désirait seulement que je ne mette
pas sous les yeux du public les documents isolément, un par

un, aussitôt après leur découverte, comme Eisner l'avait fait, mais qu'ils ne fussent publiés qu'en un recueil complet, entièrement terminé. Au point de vue politique, cette manière de procéder ne se justifiait guère, parce que la publication des documents — et leur effet favorable pour le nouveau régime, tant à l'intérieur qu'à l'extérieur, — en serait ainsi retardée. Mais cela coupait court, cependant, aux objections des défenseurs de l'ancien régime, qui auraient prétendu qu'on n'avait affaire qu'à des documents tendancieusement choisis et détachés de leur ensemble, n'ayant pas, par conséquent, force démonstrative.

Je ne méconnus pas la valeur de ces considérations et j'agis conformément aux indications données.

Quand, en décembre, mes coreligionnaires politiques Barth, Dittmann et Haase, sortirent du gouvernement, je renonçai, moi aussi, à mon poste de Secrétaire d'Etat adjoint, tout en me déclarant disposé à continuer à colliger et à publier les documents de la guerre. A cette offre, je reçus la réponse suivante en date du 4 janvier :

« *Cher Camarade,*

« *En réponse à votre lettre du 2 janvier, le gouvernement du Reich vous prie de vouloir bien continuer votre travail comme co-éditeur des documents relatifs à l'origine de la guerre.*

« *Le gouvernement du Reich,*

« EBERT ».

Le mot « co-éditeur » se rapporte à ce fait que, depuis quelque temps, on avait pris l'habitude de dédoubler chaque poste supérieur, qui, dès lors, était occupé par un socialiste de droite et par un socialiste indépendant ; on m'avait ainsi adjoint Quarck.

Cette habitude cessa après le départ des indépendants. Quarck mit aussi bientôt fin à sa collaboration et je demeurai éditeur unique de ces documents.

Naturellement, je n'accomplis pas seul tout ce grand travail. Avant de prendre d'autres auxiliaires, j'eus l'assistance dévouée de ma femme qui, depuis plusieurs dizaines d'années déjà, participe, par son aide et ses conseils, à chacune de mes œuvres. Bientôt cependant un bureau spécial d'édition devint nécessaire.

Il fallait accélérer la publication, et moi, à part mes travaux de publiciste, j'étais encore occupé à la Commission de socialisation. Aussi, Quarck et moi, nous étions-nous déjà, en décembre, adressés au docteur Gustave Mayer, lui demandant de mettre à notre disposition toute son activité, à l'effet de recueillir et de classer les documents, quoiqu'il dût, lui aussi, abandonner pour cela quelques travaux qui lui étaient chers. Sur son initiative, nous eûmes encore recours, surtout pour le travail des archives, au docteur Hermann Meyer, archiviste au Bureau des Archives secrètes de l'Etat, et, au commencement de février, pour accélérer la conclusion du travail, et en raison de l'abondance croissante des matériaux, au docteur Richard Wolff et à Mlle N. Stiebel, diplômée en sciences historiques.

J'ai le devoir de les remercier tous, surtout les deux premiers, pour leur participation dévouée et précieuse à la grande œuvre.

Je fus ainsi mis en mesure d'informer, le 26 mars, le comte Brockdorff-Rantzau que le recueil était complet quant à l'essentiel, et qu'il pourrait être, immédiatement, livré à l'impression. Il restait bien à faire une série de constatations ; par exemple, la date et l'heure de la réception ou de l'expédition, qui ne pouvaient pas être établies exactement pour chaque document sans de nouvelles recherches. Mais ces additions et certaines autres, comme la table des matières, etc., pouvaient être faites au cours de la composition.

Il ne fallait plus retarder l'impression, si on voulait établir aux yeux du monde entier, et avant même le commencement des négociations de paix, la preuve la plus évidente, la plus manifeste, que le Gouvernement allemand qui conduisait ces négociations, n'avait rien eu de commun avec celui qui avait déclaré la guerre.

Le gouvernement, évidemment, considéra la chose d'une

autre façon. Il remit à plus tard la publication, et fit paraître
à la place des documents, un rapport sur l'explosion de la
guerre, qui constitua le Livre blanc de Juin 1919, rapport
qui a pu être discuté encore dans le présent travail, et qui
révéla une chose toute autre qu'une rupture avec la politique du régime déchu.

Pendant que nous attendions, mes collaborateurs et moi,
l'invitation de commencer l'impression du recueil de documents, nous nous occupions toujours à éplucher et à com-
pléter les matériaux. Mais, quand la perspective que le gouvernement donnerait bientôt l'autorisation de publier, en vint
à diminuer de plus en plus, je ne pus pas conserver plus
longtemps mes collaborateurs que d'autres devoirs pressants
attendaient. Ils mirent donc un terme à leur travail au commencement de mai ; mais je pouvais compter qu'ils se pré-
senteraient de nouveau, dès que l'ordre d'imprimer aurait
enfin été donné.

Cependant cet ordre se fit attendre encore, même après la
signature de la paix.

Enfin, au milieu du mois de septembre, on m'appela un
beau jour au téléphone au sujet de l'affaire des documents ;
cet appel ne venait pas du Département des Affaires Etrangères, mais d'un journal qui me demanda s'il était vrai que
MM. Mendelssohn, Montgelas et Schücking, et non pas moi,
avaient été chargés de la publication. Je ne pus que répondre
que j'en savais moins que le journal qui m'interpellait. Je
n'apprenais le fait que par la voie de la presse.

Le gouvernement avait réellement été assez déloyal pour
confier à d'autres, sans même m'en avertir, la publication du
recueil de documents entrepris par moi et exécuté sous ma
direction.

Les raisons pour lesquelles j'ai été débarqué, n'ont pas été
élucidées par moi jusqu'à ce jour. Le gouvernement ne les
a jamais fait connaître.

Son procédé fit, d'ailleurs, si mauvais effet, qu'il se vit
forcé d'en atténuer la portée. MM. le professeur Schücking
et le comte de Montgelas s'adressèrent à moi, à la fin de
septembre, me donnant l'assurance que ce qu'ils songeaient

à publier, serait exclusivement mon recueil dans lequel on ne changerait pas une ligne sans mon consentement. On me donnerait également toute facilité de surveiller l'impression. Ils me prièrent d'approuver la publication.

Ils devaient donc seulement, dans l'essentiel, soumettre mon travail à un contrôle que je n'avais pas à craindre et faire la menue besogne que nécessite généralement l'impression définitive d'un ouvrage de ce genre, besogne que je leur abandonnai volontiers.

Puisque ma personnalité n'était rien et que la cause était tout pour moi, je ne vis pas de raison de bouder et je me déclarai prêt à coopérer, à la condition que l'impression commençât immédiatement.

Cela me fut également promis, et c'est ainsi que paraît enfin, à cette heure, le recueil devenu presque légendaire des documents de la Chancellerie relatifs à l'origine de la guerre.

Pendant ce travail, je ne m'étais pas contenté, naturellement, d'enfiler ces documents les uns après les autres. Je voulais établir la connexité intime existant dans cette masse d'environ neuf cents pièces, et les coordonner avec les autres matériaux déjà connus et relatifs à l'origine de la guerre. Je le fis non en accusateur, mais en historien qui veut examiner comment les choses se sont passées.

J'entrepris d'abord ce travail de coordination pour moi-même. Un historien ne peut pas colliger des sources sans en discuter la valeur. Plus mon travail avançait, plus vif aussi devint mon désir de ne pas le garder pour moi seul, mais d'en faire profiter le grand public, qui a moins de temps que moi, et, souvent aussi, moins l'occasion d'étudier soigneusement une si grande quantité de matériaux.

C'est ainsi que, peu à peu, ce livre prit forme. Des parties essentielles en étaient achevées depuis des mois, mais j'en avais toujours retardé la publication, ce qui me permit d'y faire de nouvelles additions et d'y apporter des changements, par exemple, lors de la découverte de nouvelles pièces, principalement dans le Livre blanc allemand de juin et dans les publications du docteur Gooss.

Il m'a fallu beaucoup d'abnégation pour ne pas publier

mon écrit, en présence du déluge de révélations sur la guerre que les derniers mois nous ont apportées. Rester silencieux là où j'aurais eu tant à dire, ne fut pas chose facile.

Je me serais bien senti justifié, vu les hésitations continuelles du gouvernement, à faire paraître mon livre avant même qu'il se fût décidé à publier les documents depuis longtemps réunis.

Je n'ai pas travaillé dans les Archives du Ministère des Affaires Etrangères en qualité de fonctionnaire, mais comme historien libre, dès que j'ai cessé d'être Secrétaire d'Etat adjoint. La preuve en est dans le fait que, depuis ce moment, je n'ai reçu du gouvernement, ni appointements, ni émoluments d'aucune sorte.

Un historien qui utilise des archives ne doit rendre compte à personne de l'usage qu'il fait des fruits de son travail.

Si je me tus quand même, ce fut, non pas pour une considération de droit, mais de politique. Tout l'avantage politique que la publication des pièces aurait pu avoir pour le jugement du peuple allemand par ses adversaires présents, ne pouvait avoir lieu que si elle était faite *par* le gouvernement et non *contre* lui. Il est vrai que la publication s'imposait aussi, dans ce dernier cas, pour des raisons de politique intérieure. Mais tant que la possibilité existait, que le gouvernement lui-même ferait paraître les documents, je ne voulus pas le devancer par la publication de mon résumé des matériaux.

Maintenant que toutes les pièces sont rendues publiques, je n'ai plus aucune raison d'attendre encore.

Il n'est pas douteux que mes appréciations seront très contestées ; aucune conception de cette guerre n'a, du reste, eu pour elle le consentement unanime. Et aucun langage n'est plus ambigu, plus fait pour être lu entre les lignes, plus apte à des interprétations contradictoires, que celui des diplomates, langage avec lequel nous avons presque exclusivement affaire ici. Seul, l'Empereur n'applique pas la terminologie diplomatique. Sa langue ne laisse rien à désirer quant à la netteté. Et ses annotations marginales offrent la rare satisfaction de présenter, pour cette fois du moins, un Empereur en négligé.

Quoi qu'il en soit, malgré toute la ruse et l'astuce des diplomates, les documents autrichiens ont fait naître une conception presque unanime de la culpabilité de la politique autrichienne. Celui qui est arrivé à les estimer à leur juste valeur n'aura pas de peine, d'après le texte des documents allemands, à arriver aussi à se faire une idée exacte de la politique allemande.

La tentation fut grande de démontrer, à la claire lumière des événements, à quel point le peuple allemand a été égaré par ceux qui, surtout parmi les socialistes de droite, ont attaqué le plus violemment mon attitude et celle de mes amis durant la guerre, et qui avaient été les apologistes les plus résolus de la politique de guerre du Gouvernement de Guillaume. Leur conception n'est vraiment plus aujourd'hui qu'une vaine fumée.

Mais à cause de cela même, il ne servirait de rien de continuer à polémiquer à ce sujet avec les David et les Hilmann, etc. ; la cohésion de mon exposé en souffrirait, et il serait à craindre que ce récit, qui s'adresse à tous ceux qui veulent connaître la vérité sur l'origine de la guerre, ne prît, par une telle polémique, un caractère de politique de parti, voire même un caractère personnel, ce que je tenais à éviter. Je n'ai donc fait de polémique que là où l'intérêt de l'élucidation des faits l'exigeait, mais, à part cela, je me suis abstenu de toute récrimination.

Cependant, je m'attends à ce que cet écrit suscite de nouvelles polémiques.

Quelle que soit l'attitude qu'on prendra à son égard, il faut que l'on ait toujours une chose en vue à la lecture des documents publiés ici : ils témoignent de pensées et d'actions *d'hommes d'Etat* allemands, et non du *peuple* allemand. Le peuple, lui, n'est coupable que d'une chose, et ne peut-être coupable que de celle-là : il ne faisait pas assez attention à la politique extérieure de ses gouvernants. Mais c'est là une faute que le peuple allemand a commise comme tous les autres peuples. En vain, Marx, il y a plus d'un demi-siècle déjà, lors de la fondation de la première Internationale, proclama comme « le devoir des classes laborieuses » « de sonder les mystères de la politique internationale, de surveiller les menées diplomatiques de tous les gouvernements. »

Cela n'a été fait, jusqu'ici, que d'une manière absolument
insuffisante. La guerre actuelle, avec ses horribles conséquences, trace plus impérieusement que jamais, ce « devoir
des classes laborieuses ».

Je considère ce travail comme une faible partie de l'accomplissement de cette tâche.

Berlin, 1er Novembre 1919.   K. KAUTSKY.

COMMENT S'EST DÉCLENCHÉE
LA GUERRE MONDIALE

CHAPITRE I

LES COUPABLES

Depuis l'origine de la guerre mondiale, une question occupe tous les esprits : qui nous a apporté cet affreux malheur? Quels hommes, quelles institutions en sont les instigateurs?

C'est là une question non seulement scientifique et intéressant l'historien, mais éminemment pratique pour l'homme politique. La réponse à cette question implique une condamnation à mort des auteurs reconnus coupables, condamnation qui n'est pas nécessairement physique, mais, en tout cas, politique. Les personnes et les institutions dont la puissance a eu des résultats si terribles, doivent être politiquement reléguées parmi les morts, et dépouillées de tout pouvoir.

Mais c'est précisément à cause du caractère non pas académique, mais, au plus haut degré, pratique, de la question des responsabilités de la guerre mondiale, question qui entraîne les plus lourdes conséquences pour l'avenir de la vie de l'Etat, que les vrais coupables ont essayé, dès le début, d'en effacer les traces. Et, pour cela, ils ont trouvé le concours assidu de tous ceux qui sont intéressés à la puissance des personnes et des institutions coupables, même s'ils n'avaient eux-mêmes pris aucune part aux origines de la guerre. C'est ce qui a longtemps rendu très difficile la

recherche des responsabilités. D'un autre côté, cet intérêt
pratique de la question a aiguisé la pénétration critique des
adversaires, de sorte que le nombre de ceux qui, dès le début,
ont été sur la bonne piste, fut assez grand. Le brouillard
commença donc à se lever peu à peu et se dissipa complètement, grâce aux récentes publications autrichiennes et allemandes de documents des Ministères des Affaires Etrangères.
Nous sommes maintenant en mesure de voir clair.

Un nuage cependant, est encore devant nos yeux ; il sort
des profondeurs de la philosophie marxiste. Marx a enseigné
que le cours de l'histoire est déterminé, non par des personnes et des institutions particulières, mais en dernier lieu
par les conditions économiques. Le capitalisme, dit-on, dans
sa forme la plus élevée, le capital mobile, crée partout l'impérialisme, la tendance à étendre les frontières de l'Etat par
la violence. Tous les Etats sont dominés par lui, tous sont de
nature belliqueuse, et la guerre mondiale en est sortie. Les
coupables ne seraient pas des personnes et des institutions,
mais le capitalisme dans son ensemble : c'est donc lui qu'il
faudrait combattre.

Cette thèse a un son très radical, mais n'en devient pas
moins d'un effet très conservateur, partout où le travail pratique est dominé par de telles considérations. Car le capitalisme n'est qu'une abstraction tirée de l'observation de nombreux faits particuliers, aide indispensable quánd il s'agit
d'examiner leur filiation naturelle.

Mais une abstraction ne peut être *combattue* que sur le
terrain théorique, jamais en pratique. En pratique, on ne
peut combattre que des faits particuliers. La compréhension
théorique du capitalisme n'annule pas la nécessité de la
lutte pratique ; c'est à elle, au contraire, à seconder cette dernière en nous permettant d'en coordonner méthodiquement
les détails, et à la rendre ainsi plus efficace. Cette lutte est
toujours dirigée contre des institutions et des personnes définies, occupant des fonctions sociales déterminées.

Au point de vue marxiste, on peut dire tout au plus que le
but de la lutte ne doit pas être le *châtiment* des personnes
contre lesquelles elle est dirigée. Chaque homme n'est que
le produit du milieu dans lequel il a été élevé et où il vit. Il
n'est pas équitable de punir même le pire criminel. La tâche
de la société consiste uniquement à lui enlever la possibilité

de continuer à être nuisible, d'en faire, si c'est possible, un membre utile de l'humanité, d'abolir les conditions qui l'ont fait naître et lui ont donné la possibilité et le pouvoir d'être nuisible.

C'est là aussi l'attitude du marxiste envers les auteurs de la guerre mondiale. Mais il n'est pas marxiste de faire dévier la recherche des coupables en renvoyant à la culpabilité impersonnelle du capitalisme.

Marx et Engels ne se sont jamais contentés de parler en général des effets pernicieux du capitalisme. Ils se sont efforcés également d'examiner l'action des institutions, des partis et de leurs chefs, tels Palmerston et Napoléon. Ce n'est pas seulement notre droit, c'est notre devoir d'en faire autant pour les auteurs de la guerre mondiale ; et cela, non seulement pour des raisons de politique extérieure, mais aussi de politique intérieure, de façon à rendre à jamais impossible le retour des personnes et des institutions qui ont été coupables du terrible crime de la conflagration générale.

CHAPITRE II

L'ISOLEMENT DE L'ALLEMAGNE

On objecte encore que les derniers jours qui précédèrent la conflagration générale ne peuvent pas décider à eux seuls, de la question de la culpabilité. En examinant les origines de l'animosité réciproque des peuples, on trouverait chez toutes les grandes puissances, et non pas seulement en Allemagne, l'impérialisme et des velléités d'expansion.

Ceci est fort exact, mais ce désir d'expansion n'explique pas encore la guerre mondiale dont le caractère particulier réside dans la participation de toutes les grandes puissances et de plusieurs petits États, et dans l'alliance du monde entier contre l'Allemagne. Le problème à résoudre consiste à démontrer comment cette situation a été créée. Le mot *impérialisme* ne nous avance pas autrement dans la solution de cette question.

Les débuts de l'impérialisme, à la fin du dix-neuvième siècle et au commencement du vingtième, se signalent par des conflits entre un certain nombre de grands États : d'abord, la France avec l'Italie et ensuite avec l'Angleterre ; puis, l'Amérique avec l'Espagne, et également avec l'Angleterre ; ensuite, l'Angleterre contre les Boërs avec lesquels tout le monde sympathisait ; la Russie, enfin, contre le Japon, — l'Angleterre étant dans les coulisses.

A cette époque, l'Allemagne se maintint à l'abri des conflits internationaux qui, quelquefois, dégénéraient en guerres.

Elle avait bien commis la grande faute, en 1871, d'arracher violemment, contre leur volonté, les Alsaciens et les

Lorrains à la France, et de jeter ainsi cette dernière dans les bras de la Russie. Le besoin français de revanche, de réunion des frères asservis, prit, avec le temps, des formes plus adoucies, d'autant plus que les chances des Français dans une guerre contre l'Allemagne diminuaient à vue d'œil, — le chiffre de leur population augmentant à peine, tandis que celle du peuple allemand avançait rapidement, lui donnant une grande supériorité numérique sur la France. En 1866, le territoire de l'Allemagne comptait quarante millions d'habitants et celui de la France, trente-huit millions. Si, en 1870, la France s'était trouvée devant la Prusse seule, ce qu'elle espérait, elle n'aurait eu que vingt-quatre millions d'hommes devant elle. Par contre, en 1910, la France ne comptait que trente-neuf millions d'habitants et l'Allemagne plus de soixante-cinq.

De là, la crainte de la France d'entreprendre une guerre contre l'Allemagne très puissante, crainte qui se répercute encore aujourd'hui dans les clauses du traité de paix de Versailles. De là aussi son besoin de l'alliance russe.

Par suite de l'inimitié existant entre l'Allemagne et la France, la Russie, après 1871, devient l'arbitre entre les deux pays et a, conséquemment, la haute main sur tout le continent d'Europe. La Russie, confiante en sa force, risque, en 1877, la guerre contre la Turquie ; l'exploitation de sa victoire ne trouve d'entraves qu'en Angleterre et en Autriche. Au Congrès de Berlin, en 1878, Bismarck doit prendre parti entre ces deux puissances et la Russie. Il s'émancipe de la tutelle du Tsar et prend parti pour l'Autriche et l'Angleterre.

Dès lors, la Russie s'éloigne de l'Allemagne et entre en relations toujours plus étroites avec la France, de sorte que Bismarck, malgré ses grandes sympathies russes, est de plus en plus contraint d'avoir recours à l'Autriche, à laquelle il adjoint, comme alliée, l'Italie (1882), à l'époque où les Français occupent la Tunisie et blessent ainsi profondément les impérialistes italiens qui guettaient ce pays.

L'Angleterre reste à l'écart des deux combinaisons dans un « splendide isolement », mais elle est, plutôt, du côté de la Triple-Alliance que de l'entente franco-russe. Car il y a des rivalités entre elle et la France au sujet de leurs aspirations africaines (le Maroc, et surtout l'Egypte et le Soudan). Son ancienne animosité contre la Russie, relativement à la

Turquie et aux Indes, se renouvelle sans cesse. Par contre, l'Angleterre entretenait des relations amicales avec l'Autriche et l'Italie ; il n'y avait pas d'opposition prononcée entre elle et l'Allemagne, — Bismarck, attisant, de son côté, les différends de l'Angleterre avec la France et la Russie, pour jouer un rôle d'arbitre et de troisième larron. Cette politique manquait, certes, de moralité, mais elle était tout à l'avantage de la prospérité économique de l'Allemagne. Donc, précisément à l'époque de l'impérialisme naissant, l'Allemagne n'eut aucune guerre à soutenir, et, exploitant, sans y participer elle-même, les conflits impérialistes des autres pays, elle put développer son industrie et son commerce et agrandir ses possessions coloniales.

On voit que, même à l'époque de l'impérialisme, un grand Etat savait faire une politique autre qu'une politique de guerre. Il est vrai qu'il fallait, pour cela, des hommes d'Etat ayant assez de bon sens et de force de résistance, à l'égard de ceux qui prônaient une politique impérialiste de violence, — et ceux-ci manquaient aussi peu en Allemagne qu'ailleurs, puisque, précisément, les avantages de la politique de paix tendaient à les renforcer. L'essor économique fabuleux de l'Allemagne, à la fin du dix-neuvième siècle et au début du vingtième, lui donna les moyens de procéder à des armements militaires puissants ; il créa une classe de capitaines d'industrie violents, surtout ceux de l'industrie des métaux ; à ceux-ci se joignirent les hobereaux, les politiciens de violence d'ancienne date, et la plupart des intellectuels chargés professionnellement de proclamer la gloire militaire des Hohenzollern et d'inoculer à toute la jeunesse une mégalomanie vraiment tudesque.

Le successeur de Bismarck, Caprivi, continua l'ancienne politique qui avait maintenu la paix au milieu de tous les conflits impérialistes des voisins. Mais, quand le prince de Bülow devint Ministre des Affaires étrangères en 1897 (puis chancelier en 1900), avec, à ses côtés, Tirpitz comme chef de la marine, une orientation complètement nouvelle de la politique extérieure était née qui, si elle avait un but, ne pouvait être que celui-ci : l'instauration de la domination du monde par l'Allemagne.

A mesure que ces nouvellès tendances se faisaient jour plus clairement, elles produisaient un revirement complet de l'attitude du monde vis-à-vis de l'Allemagne. Si, jusqu'alors, le monde avait été divisé par l'impérialisme, ce qui, d'après le *divide et impera,* avait été, pour l'Allemagne, le facteur le plus puissant, désormais toutes les rivalités entre les Etats cédaient le pas à l'unique grand antagonisme contre l'Empire allemand dont tous se sentaient menacés.

Ce changement funeste de la politique internationale allemande fut inauguré par le projet d'accroissement de la flotte (1897) qui commença les armements en concurrence avec l'Angleterre, ce qui n'était compréhensible que si elle avait pour but final le renversement de la domination britannique des mers. La tâche des armements navals allemands a été ainsi définie assez souvent, surtout par les journaux et les politiciens pangermanistes.

Ceci irrita au suprême degré contre l'Allemagne l'opinion publique de l'Angleterre.

L'Empire britannique avait conquis la domination des mers à l'époque des guerres de Napoléon et, depuis lors, aucune puissance n'avait entrepris de la lui disputer. Cette domination elle-même avait considérablement changé de caractère bientôt après la paix de Vienne. Dans les premières dizaines d'années du dix-neuvième siècle, l'Angleterre avait encore été un pays d'assez grande agriculture pour se nourrir tout seul à la rigueur. Il en fut autrement depuis. Etant le plus industriel de tous les pays, il dut bientôt compter, non seulement pour les matières premières, mais aussi pour son alimentation, sur de grandes importations de l'étranger, et plus même que tout autre pays.

En 1850, en Angleterre, au pays de Galles et en Ecosse (sans compter l'Irlande), la population rurale était encore aussi nombreuse que celle des villes. Par contre, en 1911, la population des villes comprenait 78 0/0 de la population totale de l'Angleterre et du pays de Galles, et 75 0/0 de l'Ecosse.

Au dix-huitième siècle, l'Angleterre avait exporté du blé. Au début du dix-neuvième siècle, sa production en froment couvrait presque encore ses besoins domestiques. De 1811 à 1820, on n'importa, en moyenne, que 400.000 *quarters* de froment par an. En 1850, on en importait déjà presque quatre millions ; en 1909, dix fois plus, le pays lui-même n'en produisant que sept millions. Quatre-vingt-quatre pour cent du froment consommé en Angleterre, vers l'époque de la guerre, provenaient de l'étranger.

Toutes ces importations se faisaient exclusivement par voie de mer. En conséquence, l'Angleterre était condamnée à mourir de faim, si, lors d'une guerre, elle cessait de dominer les mers. Sa prépondérance maritime, qui, au début du dix-neuvième siècle, n'était guère qu'un moyen d'étendre et d'assurer la sécurité de son Empire colonial, qui servait donc, pour parler la langue moderne, à des buts impérialistes, cette domination était devenue toujours plus indispensable pour maintenir l'indépendance du pays. L'empire des mers se trouvait être, pour le peuple britannique, outre un but impérialiste, une exigence démocratique, au moins pour aussi longtemps que le désarmement général et l'abolition des guerres seraient impossibles, — ces buts pacifistes deve-nant, précisément à cause du danger que le pays encourrait par une guerre, très populaires dans la masse de la popula-tion anglaise, non seulement chez les socialistes, mais aussi chez les libéraux. Puisque l'idée de la domination des mers était acceptée, dans les couches non seulement impérialistes, mais aussi démocratiques, elle fut appliquée d'une manière très libérale, nullement protectionniste ou même mono-polisatrice, mais libre-échangiste, selon le principe de la « porte ouverte ».

L'Angleterre avait ainsi obtenu ce résultat que, durant tout le dix-neuvième siècle, pas un Etat n'avait fait mine de mena-cer son empire maritime. Seule, l'Allemagne commençait, à la fin du dix-neuvième siècle, la politique des provocations, alors que l'intérêt vital de l'Angleterre exigeait cette domi-nation, bien plus rigoureusement encore qu'au temps de Napoléon Ier.

Quiconque connaissait l'Angleterre et les Anglais, devait savoir que la politique allemande des armements navals, suffisait, à elle seule, à rendre accessibles des couches tou-jours plus nombreuses de la population anglaise à l'idée d'amener, à tout prix, l'Allemagne, à mettre fin à ces arme-ments, et ce, à défaut d'autres moyens, par une guerre qui, grâce à la politique allemande antérieure, menaçait de mettre également en ligne la France et la Russie comme adversaires de l'Allemagne.

M. de Bülow, qui inaugura cette politique funeste, avoue

lui-même qu'elle devint une menace de guerre pour l'Allemagne. Dans son livre *La Politique allemande*, paru en 1916, il écrivait : « Pendant les dix premières années qui suivirent le projet de 1897, relatif à l'augmentation des armements maritimes, et le commencement de nos constructions navales, une politique anglaise décidée à tout risquer, aurait eu certainement la possibilité, par un violent et rapide coup de main, d'entraver l'évolution maritime de l'Allemagne, et de nous réduire à l'impuissance avant que notre force navale fut devenue dangereuse... Et, dans le dix-huitième mois de la guerre, la *Gazette de Francfort* constatait que l'Angleterre, à l'heure où la guerre avait éclaté, avait dû faire la triste observation que, malgré tous les plans d'encerclement, elle avait manqué le moment propice où elle aurait pu abaisser le rival redouté ». (P. 40).

La politique navale fut donc entreprise au risque d'irriter l'Angleterre et de la pousser à faire la guerre à l'Allemagne. Si une telle guerre n'a pas eu lieu, la faute n'en fut pas à la politique allemande, mais à la réserve de l'Angleterre, qui, à la destruction, par la force, de l'adversaire menaçant, préféra le soi-disant encerclement, c'est-à-dire l'intensification de l'isolement de l'Allemagne, conséquence de sa politique mondiale.

L'effet funeste de la politique maritime de l'Allemagne, aussi insensée que provocante, était encore augmenté par son sabotage tenace de tous les efforts tendant à une entente internationale pour une réduction générale des armements de guerre et la solution pacifique des conflits internationaux par l'arbitrage.

Cela se voyait déjà à la première Conférence de La Haye de 1899 qui avait trait à ces buts.

« Au moment même de la Conférence de La Haye, l'Empereur d'Allemagne prononça son discours de Wiesbaden où il déclara que la meilleure garantie de la paix était « un glaive bien aiguisé ». (1)

A cette Conférence, le délégué allemand ne put pas même être amené à reconnaître l'arbitrage obligatoire, fût-ce pour des demandes de dédommagement et pour des litiges judiciaires. Cette réduction minime du recours à la force dans les conflits internationaux, échoua par suite de la résistance de

____

(1) Fried, *Handbuch der Friedensbewegung*, page 171.

l'Allemagne, qui, plus tard, refusa aussi tout essai pour arriver à une limitation des armements.

Il ne faut pas s'étonner que l'Allemagne devînt toujours plus odieuse partout, non seulement chez les impérialistes qui rivalisaient avec sa puissance, mais aussi chez les avocats de la paix et de la liberté des peuples.

Le rôle d'ennemi de la démocratie européenne qui, jusqu'alors, avait été celui du tsarisme, devint désormais, de plus en plus, celui de la monarchie militaire allemande. Une politique plus insensée eut, à peine, été possible. Il fallait la condamner, non seulement au point de vue du socialisme international, mais même à celui d'un impérialisme tenant compte de la répartition des forces existantes. Une politique impérialiste allemande raisonnable ne devait pas être faite de manière à provoquer, en même temps, l'hostilité des deux puissances qui, à côté de l'Allemagne, exerçaient une influence décisive en Europe, c'est-à-dire de l'Angleterre et de la Russie. Ou bien, pour arriver à ses fins, elle devait gagner l'appui de l'Angleterre, en opposition à la Russie et à son alliée la France, ce qui exigeait avant tout l'abandon des armements maritimes. En conséquence, conformément au caractère de la politique anglaise, le principe de la « porte ouverte » aurait dû être réalisé partout sur le globe, ce qui aurait fait entrevoir à l'industrie allemande les perspectives les plus brillantes.

Ce n'aurait pas été, il est vrai, une politique vraiment impérialiste selon le cœur des grands industriels, monopolisateurs et militaristes. Ceux-là tenaient, avant tout, à une expansion aux frais de l'Angleterre. Mais il fallait alors arriver, sur ce point, à une entente avec la Russie. Une Allemagne alliée à la Russie, et, par là aussi, plus en sécurité contre le danger français, aurait tranquillement pu entreprendre des armements maritimes rivalisant avec ceux de l'Angleterre. En cas de guerre, les Anglais ne pouvaient pas lui faire grand mal. Ils étaient à même d'occuper ses colonies et d'interrompre son commerce naval, mais non pas d'affamer l'Allemagne. Celle-ci, au contraire, avec l'aide de la Russie, avait la possibilité de renverser sur terre les bases de la position mondiale de l'Angleterre et de réussir à réaliser ce que Napoléon Ier avait en vain cherché par une autre voie, l'occupation de l'Egypte et l'avance aux Indes.

Au contraire, ce fut simple folie d'essayer d'arriver à ce but, la débâcle de l'Angleterre, non pas en union avec la Russie, mais en guerre contre la Russie, contre la France, contre le monde entier.

CHAPITRE III

PROVOCATIONS ALLEMANDES

Dès l'abord, la politique allemande ne signifiait pas encore la guerre de l'Allemagne contre le monde entier, mais bien le danger d'une pareille guerre. Au fur et à mesure que son encerclement s'étendait, que son isolement devenait plus grand, l'Allemagne, dans son propre intérêt, aurait dû éviter toute provocation qui eût pu l'impliquer dans une conflagration.

Un marxiste qui affirme que l'impérialisme aurait en tout cas amené la guerre, quelle qu'eût été la politique allemande, fait penser à quelqu'un qui prendrait la défense de garnements s'amusant à jeter des allumettes enflammées dans un baril de poudre. Ce ne sont pas ces gamins, dirait pour les excuser, ce subtil défenseur, qui ont causé l'explosion par leurs manipulations ; la faute en est dans l'existence de la poudre dans le baril. S'il y avait eu, au lieu de poudre, de l'eau dans le baril, cela n'aurait pu arriver. Seulement, dans notre cas, nos gamins savaient qu'il y avait de la poudre ; ils l'y avaient mise eux-mêmes en quantité assez considérable.

On peut dire que les provocations de l'Allemagne devenaient plus nombreuses à mesure que son isolement augmentait et que le danger de la guerre mondiale devenait plus menaçant.

C'est justement ce danger croissant qui augmenta l'irritation des deux côtés, à l'étranger et en Allemagne ; il donnait une nouvelle impulsion à l'augmentation des armements et, par suite, au renforcement des éléments belliqueux. Cette irritation multipliait d'une manière redoutable le nombre de ceux qui considéraient la guerre comme inévitable, et qui, par conséquent, poussaient presque à son déclenchement sous forme de guerre préventive, lors d'une occasion propice, quand la situation favoriserait le pays et entraverait l'action des adversaires.

De même, en Allemagne, avec les armements, s'accrut la confiance dans leur efficacité et une véritable mégalomanie se fit jour dans bien des milieux, s'appuyant sur l'histoire militaire prussienne qui, depuis un siècle et demi, à l'exception d'Iéna, ne comptait presque que des victoires.

Les milieux pangermanistes surtout ne cessaient pas leurs provocations. Ils gagnaient une importance sérieuse par le fait qu'ils formaient précisément la partie la plus décidée de ces couches sociales qui dominaient l'Allemagne et desquelles sortaient ses gouvernants. Le mal empira encore par suite de la personnalité de l'Empereur qui, entièrement inféodé aux idées militaires, avec cela superficiel et démesurément vaniteux, avide d'effets théâtraux, ne reculait pas devant les paroles les plus provocantes, s'il croyait par là en imposer à son entourage.

Nous avons déjà vu qu'au moment de la première Conférence de la paix, à La Haye, il déclara, en opposition à l'arbitrage et au désarmement, qu'un glaive bien aiguisé était la meilleure garantie de paix.

Une année après, devant les troupes s'embarquant pour la Chine à Bremerhaven, le 27 juillet 1900, il proclamait ces jolis principes de guerre :

« On ne pardonne pas. On ne fait pas de prisonniers... Comme il y a mille ans, les Huns, sous leur roi Attila, se sont fait un nom..., ainsi le nom Allemand doit maintenant, pendant mille ans, apparaître en Chine tel que jamais un Chinois n'ose même regarder de travers un Allemand. »

Si, plus tard, dans la guerre mondiale, la méthode allemande de guerre fut réduite à un système de cruautés, médité de sang-froid, et qui mérita aux Allemands le nom de Huns, le peuple allemand peut en rendre grâces à son Empereur.

Si de telles remarques firent prendre en horreur le nom

allemand par tous les hommes qui pensent humainement, Guillaume n'hésitait pas non plus à lancer des défis aux impérialistes de l'étranger. Il débuta en 1896 par le télégramme à Krüger, le président des Boërs, l'assurant ouvertement de son amitié dans le conflit qui commençait à éclater entre l'Angleterre et le peuple sud-africain.

Bientôt après, en 1896, il se proclama le patron, le protecteur des trois cent millions de Mahométans du globe. Cela s'appliquait autant à ceux d'Algérie, dominés par la France, qu'à ceux qui vivent sous la domination anglaise en Egypte et aux Indes, aux Mahométans de Russie et à ceux de cet Etat menacés par la Turquie.

Continuant cette politique provocatrice, Guillaume, en 1905, à Tanger, quand la France commença à s'intéresser à la question du Maroc, assura le Sultan de sa protection contre quiconque menacerait son indépendance, et, en 1911, au sujet même du litige, il envoyait subitement un navire de guerre devant le port marocain d'Agadir.

Dans ces deux occasions, la paix mondiale fut menacée par ces procédés. Les choses ne s'amélioraient pas par le seul fait que, chaque fois qu'il s'agissait de donner suite à la menace, Guillaume perdait courage et désertait ceux qu'il avait assurés de sa protection. Tels le sultan du Maroc, et, avec une absence toute spéciale de dignité, les Boërs. Cela contribuait seulement à ajouter le mépris à la haine.

Dans ces conflits, des impérialistes se confrontaient de l'un et de l'autre côté. Dans la lutte de la grande Angleterre contre les petites Républiques des Boërs, l'opinion publique du monde civilisé tout entier avait unanimement pris parti pour les petits et les faibles. Dans les conflits relatifs au Maroc, les ouvriers d'Allemagne et ceux de France s'étaient opposés d'un commun accord à la politique de leurs gouvernements et avaient ainsi contribué au maintien de la paix mondiale menacée. Cette attitude du prolétariat socialiste atténua quelque peu les incartades, les étourderies et le caractère provocateur de la politique mondiale allemande.

CHAPITRE IV

L'AUTRICHE

Cependant, le Gouvernement allemand ne se contentait pas de faire des étourderies de son propre chef. Il se sentait également poussé à couvrir les incartades de la politique *autrichienne*, qui menaçaient aussi de faire éclater la guerre générale, non plus à cause de territoires d'outre-mer, mais relativement à l'indépendance d'États de l'Europe elle-même, directement menacés par l'Autriche.

L'Allemagne, par sa politique mondiale, était arrivée à ne posséder presque plus d'amis parmi les États indépendants de l'Europe. Les relations avec l'Italie, son alliée, s'étaient elles-mêmes très refroidies. Deux États seulement lui restaient étroitement unis, deux États qui avaient perdu leur vitalité et ne pouvaient ainsi subsister que grâce à un fort appui du dehors, l'Autriche et la Turquie.

L'État des Habsbourg et celui du Sultan de Constantinople étaient, l'un et l'autre, des États de nationalités diverses qui ne se maintenaient pas par une supériorité de bien-être et de liberté, mais seulement par la contrainte militaire. Ce type d'État devenait de plus en plus inconciliable avec la démocratie moderne, qui s'élève irrésistiblement, sous l'influence des moyens de communication actuels entre les peuples.

L'Autriche et la Turquie, la Turquie d'Europe tout au moins, étaient donc irrévocablement condamnées à périr. Les hommes d'État dirigeants de l'Allemagne s'en aperçurent si peu qu'ils firent leur seul appui précisément de ces États —

mais, vraiment, à quel autre pays pouvaient-ils avoir recours avec leur politique mondiale?

Ces deux États étaient les adversaires traditionnels de la Russie qui convoitait l'accès à la Méditerranée, à Constantinople, mais qui avait plusieurs fois fait l'expérience qu'elle ne pouvait y arriver par une voie directe. Elle se décida donc à y parvenir par une voie détournée, par la désagrégation de la Turquie en une série de petits États nationaux indépendants qu'elle espérait voir devenir des Etats vassaux du Tsarisme, puisque, par la religion, et en partie — chez les Serbes et les Bulgares — aussi par la langue, ils étaient très rapprochés du peuple russe. Donc, par opposition aux Gouvernements autrichien et turc, elle favorisa les mouvements d'indépendance dans les Balkans et travailla ainsi dans le sens du progrès historique nécessaire auquel ces gouvernements s'opposaient. Le même monarque que ses propres sujets maudissaient comme bourreau et Tsar sanguinaire, fut salué dans les Balkans comme « tsar libérateur ». Il est vrai que l'impérialisme russe n'aurait pas atteint ses fins chez les peuples balkaniques. A mesure que leur force et leur indépendance vis-à-vis du Sultan, s'accroissaient, ils devaient également gagner en indépendance en face du Tsar. Ils ne se sentaient attirés vers lui qu'aussi longtemps qu'ils avaient besoin de sa protection, aussi longtemps que leur indépendance était menacée d'un autre côté.

Cet « autre côté », dans les dernières dizaines d'années avant la guerre, l'Autriche le fut de plus en plus. En face de l'accroissement des mouvements nationaux des Roumains et des Yougo-Slaves dans leur propre pays, où surtout les seigneurs magyares les opprimaient durement, une forte Serbie et une forte Roumanie, côtoyant leurs frontières, parurent très dangereuses aux chefs de la Monarchie austro-hongroise. Les partis agraires de la Monarchie, ceux de Hongrie tout d'abord, voyaient également d'un mauvais œil les régions d'exportation agricole de Serbie et de Roumanie. En dernier lieu, les impérialistes militaires, bureaucrates et capitalistes d'Autriche, qui voulaient dominer la route de Salonique, regardaient l'existence d'une Serbie indépendante comme un obstacle qu'ils devaient désirer voir disparaître.

La politique de tous ces éléments autrichiens jeta la Serbie et la Roumanie dans les bras de la Russie.

Si les hommes d'État autrichiens croyaient devoir écraser la Serbie, pour barrer le chemin aux intrigues russes dans les Balkans, la situation était, en réalité, tout autre. C'est précisément par leur hostilité contre la Serbie qu'ils renforçaient l'influence russe.

Pour éliminer cette influence, il eût fallu que les gouvernants d'Autriche fissent une politique de solidarité envers les Serbes et les Roumains, dans leur propre pays et envers les États voisins de Serbie et de Roumanie. Il leur fut impossible de procéder ainsi. Pour sauver leur État par un tel moyen, ils auraient dû agir contre leurs intérêts du moment.

Si l'opposition démocratico-nationale et prolétarienne en Autriche ne pouvait pas renverser ces dirigeants, ce pays était perdu, de même que la Turquie, et celui qui s'alliait avec un tel État était également perdu.

De plus, l'Autriche se sentait encore une grande puissance et voulait se gérer librement ; elle prenait toujours, de nouveau, l'initiative d'une politique indépendante qui, au fur et à mesure de l'accroissement des difficultés intérieures et extérieures, devenait de plus en plus déraisonnable et absurde.

La situation n'était pas améliorée par le personnel gouvernemental de cet État. A sa tête, se trouvait un souverain qui n'était pas doué de facultés intellectuelles remarquables, à qui l'âge et une série de coups du destin, des plus durs, imposaient de plus en plus un repos absolu, parce qu'il présentait tous les caractères de la sénilité la plus complète. Mais, pour son malheur, les peuples d'Autriche ne tenaient aucunement compte de ce besoin de repos, et leur révolte contre l'État devenu impossible, s'accentuait toujours. Sous l'influence de cette agitation croissante dans l'Empire, le besoin de repos absolu aboutissait aux phénomènes les plus contradictoires, et conduisait parfois à une souplesse surprenante. Mais cette souplesse ne pouvait pas amener le résultat désiré, c'est-à-dire tranquilliser les peuples, puisqu'elle n'était toujours que partielle, n'aboutissant qu'à des palliatifs. Ce régime fut incapable d'opérer une réforme radicale.

Lorsque cette souplesse n'amenait pas la tranquillité désirée, le besoin de repos faisait alors déchaîner la plus grande sévérité pour éliminer, par la force, les fauteurs de désordre.

Si cette manière de procéder s'appliquait en premier lieu à la politique intérieure, la politique extérieure en fut affectée

également. Ces deux politiques avaient, en Autriche, les plus
étroites relations par le fait que, des huit nationalités de
l'Empire, deux seulement étaient exclusivement situées à
l'intérieur des frontières, tandis que les autres pour une
partie considérable de leur territoire, demeuraient hors des
frontières du pays, et que plusieurs même étaient organi-
sées en États indépendants. Déjà, les aspirations nationales
des Roumains, Ruthènes, Polonais, influençaient la politique
extérieure de l'Autriche, et cela avait lieu à un degré plus
élevé encore par l'Irredenta italienne et yougo-slave.

A ceci il faut ajouter qu'à côté de son Empereur, un
second dominateur échut à l'Autriche, l'Archiduc François-
Ferdinand, désigné en 1896 comme héritier du trône, presque
à l'époque où l'Allemagne inaugurait sa redoutable politique
maritime. Les tendances impérialistes qui envahissaient
alors tous les États plus ou moins grands, se manifestèrent,
depuis lors, également en Autriche. Elles ne pouvaient pas,
cependant, s'appliquer à des pays d'outre-mer. L'impérialisme autrichien, comme celui de Russie, tendait à l'expansion du pays par l'élargissement de ses frontières. Cela pouvait se faire le plus aisément dans le midi, par la conquête de
la route de Salonique, ce qui exigeait la transformation de
l'Albanie et de la Serbie en colonies autrichiennes. Ce que,
depuis 1871, depuis l'annexion de l'Alsace-Lorraine, aucun
État n'avait osé faire en Europe, l'annexion violente, contre
sa volonté, d'une population politiquement indépendante,
l'Autriche sénile, mais encore grande, voulait l'entreprendre
contre la Serbie, jeune et forte quoique petite, par le moyen
de mauvais traitements systématiques.

François-Ferdinand, jeune, énergique, ne tenant compte
de rien, ne connaissant ni le besoin de repos, ni l'hésitation
entre la souplesse et la force, se fiant à la force seule, devint
l'incarnation de ces tendances impérialistes qu'il pouvait
renforcer de plus en plus, à mesure qu'avec l'âge de l'Empereur, son influence, comme héritier du trône, grandissait
sur l'armée et la politique extérieure. C'est cette politique
qu'il dirigea depuis 1906, depuis le remplacement de Golu-
chowski par Æhrenthal.

François-Ferdinand et ses acolytes ignorants ne reculaient
pas devant les pires provocations, sans aucun souci du défi
qu'ils jetaient à la Russie protectrice de la Serbie, mettant

ainsi en danger la paix du monde. Qu'avaient-ils à craindre
aussi longtemps que le grand frère allemand, avec son poing
vigoureux, se tenait debout derrière eux? Et s'il s'y tenait,
c'est parce que sa propre position dans le monde serait
menacée, lorsque la seule puissance militaire importante
sur laquelle il pouvait compter, perdrait en force ou en considération.

CHAPITRE V

LES CRISES BALKANIQUES

Une première fois, la paix du monde avait été frivolement compromise par l'Autriche en automne 1908, quand, sans nécessité, elle avait annexé les territoires de Bosnie et d'Herzégovine administrés par elle depuis 1878 pour le compte de la Turquie. Elle rompait sans honte les traités conclus avec ce dernier État, et violait grossièrement les sentiments nationaux des Yougo-Slaves que le traitement des Bosniaques, échangés ou ravis d'une façon arbitraire, comme des objets de propriété, devait irriter au plus haut degré. Le danger d'une guerre universelle avait été provoqué alors par ce fait que la Russie se voyait refoulée dans les Balkans si elle n'obtenait pas de compensation. Mais, chez les autres puissances européennes également, surtout en Angleterre, la rupture impudente du traité de 1878 avait soulevé les plus vives protestations. L'Autriche aurait dû céder si l'Empire allemand ne l'avait pas secondée.

Cette attitude avait déjà posé les germes de la future guerre mondiale ; pourtant des hommes politiques allemands l'ont encore approuvée pendant la guerre, avant la débâcle il est vrai. Le prince de Bülow s'en fait un titre de gloire dans son livre déjà cité sur la *Politique allemande* :

« Je ne laissai aucun doute, dans mes discours au Reichstag et dans mes instructions à nos représentants à l'étranger, que l'Allemagne était décidée à rester fidèle à l'alliance avec l'Autriche-Hongrie, d'une manière absolument ferme et dans toutes les circonstances. *Le glaive allemand* était jeté dans la balance de la décision européenne, indirectement pour

notre allié austro-hongrois, directement pour le maintien de
la paix européenne, et avant tout et en premier lieu pour la
considération et la position allemandes dans le monde ».
(Page 60).

Voilà la méthode par laquelle l'ancien régime cherchait à
maintenir la paix. Sa tâche ne consistait pas à empêcher les
provocations frivoles de l'allié, mais à jeter pour lui le glaive
allemand dans la balance. Et, ainsi, en approuvant la rupture
du traité, il croyait agir pour « la considération allemande »
dans le monde.

Hashagen, dans son petit livre *Umrisse der Weltpolitik*,
publié la même année que celui de Bülow, est encore plus
satisfait et s'exprime ainsi :

« Pour le raffermissement de l'alliance, il a été d'un *avantage inappréciable* que l'annexion de la Bosnie et de l'Herzégovine ait bientôt déchaîné une *campagne internationale
formidable*, non seulement contre l'Autriche-Hongrie, mais
aussi contre l'Allemagne. C'est cette campagne qui rendit les
relations des alliés tout à fait indissolubles. » (II, P. 6).

En effet, quelle ingénieuse politique que celle qui considère le déchaînement d'une campagne internationale formidable contre elle-même comme un avantage inestimable,
parce que, ainsi, l'Allemagne devenait complètement prison-
nière de l'Autriche, pays en faillite intérieure complète.

Le « glaive allemand » maintint la paix du monde en 1908
et 1909 parce que la Russie dut subir tranquillement l'humiliation infligée alors à la Serbie et conséquemment à elle-
même. Car elle saignait encore de toutes ses blessures après
sa défaite par le Japon et sa Révolution.

La Serbie dut promettre, le 31 mars 1909, par une note
humiliante, qu'elle ferait amende honorable et renoncerait à
sa politique de protestation contre l'annexion.

Mais, naturellement, la Russie ne se tint pas pour battue
définitivement dans les Balkans. La Serbie, isolée, avait dû
reculer devant l'Autriche. La politique russe réussit à établir
une alliance entre les gouvernements balkaniques. Une fédé-
ration des peuples balkaniques en une république qui les
comprendrait tous, avait été demandée depuis des années par
les socialistes slaves méridionaux. Elle offrait les meilleures
chances d'assurer aux peuples des Balkans la plus grande
indépendance envers la Turquie et l'Autriche, comme aussi

envers la Russie. La politique russe n'avait évidemment pas le moindre intérêt à l'érection d'une telle construction. Tout au contraire. Mais, comme dans bien d'autres circonstances, elle savait, cette fois encore, exploiter à son profit la force qui découle d'une idée acheminée dans la direction de l'évolution nécessaire. Elle créa une alliance, non des *peuples*, mais des *princes* des Balkans, ayant pour but de mettre fin à la domination des Turcs en Europe.

En octobre 1912, la guerre des alliés, Serbie, Bulgarie, Grèce et Monténégro, contre la Turquie, éclate. La Turquie est facilement battue et les puissances européennes se contentent de laisser les vainqueurs se partager le butin au nom de cet adage : Les Balkans aux peuples balkaniques.

Ainsi, malgré cet orage dans le sud-est, la paix du monde paraissait pouvoir être assurée. De nouveau l'Autriche entre en lice et met la paix en danger, en infligeant, une fois encore, une humiliation à la Serbie détestée, en la forçant à renoncer à l'accès de la Mer Adriatique, accès que celle-ci avait gagné par les armes.

Cette fois, la situation est plus sérieuse qu'en 1908.

L'Autriche et la Russie mobilisent en février 1913. Mais la mobilisation ne signifie que la préparation à la guerre, non pas la guerre elle-même. L'Angleterre s'entremet et la Russie cède de nouveau. La mobilisation est rapportée au mois de mars. La paix est maintenue. Mais aux frais de la Serbie, et aussi de sa protectrice la Russie. La Serbie doit renoncer à l'accès à l'Adriatique.

De cette manière, naît une nouvelle et dangereuse tension. La Serbie cherche à se dédommager en Macédoine aux frais de la Bulgarie. Elle trouve des alliés dans la Grèce et la Roumanie. Leur action commune réussit à renverser et à diminuer la Bulgarie.

Mais, cette fois encore, la paix mondiale est maintenue. L'Europe se garde d'intervenir. Le 10 août 1913, le traité de Bucarest est conclu. On espère que, maintenant, les Balkans seront tranquilles et que la paix du monde sera assurée pour longtemps — juste une année avant le début de la guerre mondiale.

A l'Autriche, il est vrai, la paix de Bucarest déplut. Elle demanda à l'Italie de consentir à une « action défensive et préventive » contre la Serbie. On est en droit de croire, avec le prince Lichnowsky, que le marquis de San Giuliano, qui appela ce plan une « pericoJosissima aventura » — une aventure des plus périlleuses, — nous avait préservés d'être impliqués déjà à l'été de 1913, dans une guerre générale. Mais, dans ce cas, l'Autriche n'avait pas rencontré non plus les sympathies du gouvernement allemand. Il ne faut pas oublier qu'un Hohenzollern régnait en Roumanie. L'Allemagne prit donc d'abord le traité de Bucarest sous sa protection. C'est à quoi se rapporte sans doute la remarque sur « la prévention de ce haut Seigneur (Guillaume) pour la Serbie » dans le Mémoire de Tisza (1), remis le 1er juillet 1914, à l'Empereur d'Autriche (2).

Mais les gouvernants d'Autriche ne restaient pas inactifs. Ils revenaient sans cesse sur l'état de choses créé par le traité de Bucarest, et ils réussirent, en fin de compte, à circonvenir l'Allemagne.

Pendant que les deux alliés préparaient ainsi une politique qui devait aboutir à la guerre mondiale, ils y préludèrent en perdant non seulement toutes leurs alliances avec les gouvernements, mais aussi toutes les sympathies des peuples. L'Autriche-Hongrie combattait, en Croatie et en Bosnie, les tendances à une liberté plus grande, non seulement par un régime de terreur, mais aussi par une série de procès et une propagande sans scrupules, si ineffablement absurde qu'elle devait fournir la preuve, notamment dans le procès Friedjung en 1909, de l'emploi de documents *faux* et même falsifiés à la *Légation autrichienne* de Belgrade, sous l'égide du comte Forgach (3), qui devait prendre une part funeste à l'ultimatum adressé à la Serbie en 1914 et au déchaînement de la guerre mondiale. Pires encore furent les « conquêtes morales » de l'Allemagne, lors de *l'affaire de Saverne,* en novembre 1913, immédiatement avant la guerre, affaire qui prouva à l'évidence que, dans l'Empire allemand, la population civile était hors la loi en face de l'armée, et que celle-ci dominait entièrement le gouvernement civil.

---

(1) Comte Tisza, Président du Conseil des ministres hongrois, en 1914.

(2) *Livre rouge autrichien relatif aux événements qui précédèrent la guerre de 1914.* 1919, I, page 18.

(3) Chef de section au Ministère des Affaires étrangères d'Autriche en 1914.

Vers la fin du dix-neuvième siècle, l'affaire Dreyfus avait bien démontré que le militarisme français est plein d'arrogance et manque beaucoup de scrupules. Mais cette affaire, après d'âpres luttes, s'était terminée par la victoire du gouvernement civil, tandis qu'en Allemagne l'affaire de Saverne aboutissait à la soumission des autorités civiles.

Cette affaire, du reste, avait réussi à ouvrir à nouveau, en France, la plaie de l'Alsace-Lorraine, plaie qui avait commencé à se cicatriser. C'est ainsi que l'Allemagne et l'Autriche allaient au-devant de la guerre mondiale, chargées d'une renommée universelle de mensonge, de falsification, de violence, de dictature du sabre et de déni de justice dans les provinces annexées.

CHAPITRE VI

LA SITUATION A LA VEILLE DE LA GUERRE

Les défenseurs de l'ancien régime pensent que, pour examiner la question de la culpabilité, il faut tenir compte, non seulement des dernières semaines qui précédèrent la guerre, mais aussi des années antérieures. Comme on le voit, sa position ne s'améliore pas par cet examen.

Pendant plusieurs de ces années, la politique des puissances centrales était déjà telle que la paix n'avait pas été maintenue par elles, mais seulement malgré elles. Cette politique avait pris d'abord certaines formes définies sous la direction de Bülow ; elle avait été continuée par Bethmann-Hollweg, sous lequel elle conduisit à la catastrophe. Nous ne cherchons pas à déterminer dans quelle mesure ces hommes agissaient comme moteurs ou simples instruments de leur maître, poussé lui-même par son entourage, alors qu'il s'imaginait donner l'impulsion à la masse immense de l'Empire.

Cette complexité définie n'est pas contredite par le renvoi aux tendances impérialistes générales de l'époque, qui se montraient dans tous les États. D'un autre côté, il ne faut pas étendre cette complexité à une généralisation abusive, du genre de celle-ci par exemple, que l'une des qualités naturelles du peuple allemand est d'aspirer à la domination du monde, et de lutter par la force brutale pour arriver à ses fins.

Des tendances impérialistes se trouvent chez tous les gouvernements capitalistes des grandes puissances. Si elles déterminent l'un ou l'autre de ces gouvernements à déclencher une guerre, cela dépend d'une occasion de la situation internationale, des ressources de l'Etat et de celles de ses alliés, de la situation intérieure, ainsi que de la puissance politique et de l'indépendance de la classe ouvrière.

Ce ne furent pas toujours l'Allemagne et l'Autriche qui mirent en danger la paix mondiale. En 1902, je publiai un écrit sur *La Révolution sociale.* J'y fis cette observation :

« La seule garantie de paix réside aujourd'hui, dans la crainte du prolétariat révolutionnaire. Il reste à savoir combien de temps cette crainte pourra résister à l'accroissement des causes de conflit. Et il existe un ensemble de puissances qui n'ont point encore à craindre un prolétariat révolutionnaire indépendant ; plusieurs d'entre elles sont complètement dominées par une clique brutale, dénuée de scrupules, d'hommes de la haute finance. Ces puissances, jusqu'ici insignifiantes ou pacifiques en politique internationale, se manifestent maintenant, de plus en plus, comme des perturbateurs internationaux. Tels sont avant tout, les *Etats-Unis,* puis l'*Angleterre* et le *Japon.* La Russie figurait autrefois, au premier rang de la liste des perturbateurs internationaux ; son prolétariat héroïque l'en a rayée pour le moment. Mais, aussi bien que l'arrogance d'un régime absolutiste qui ne craint pas une classe révolutionnaire derrière lui, le désespoir d'un régime chancelant peut allumer une guerre, comme ce fut le cas, pour Napoléon III en 1870, et comme ce peut l'être encore pour Nicolas II. Par *ces puissances* et leur antagonisme, et non pas par l'antagonisme de l'Allemagne et de la France, de l'Autriche et de l'Italie, la paix du monde est, *aujourd'hui,* menacée au plus haut degré. » (I, p. 53).

Ceci fut écrit sous l'impression de la guerre des Japonais contre la Chine (1894), de celle des Américains contre l'Espagne (1898), et de celle des Anglais contre les Boërs (1899-1902). La guerre entre la Russie et le Japon était déjà en préparation. La nouvelle politique mondiale allemande avait déjà été inaugurée, mais son caractère dangereux n'était pas encore visible. Mais, dans les éditions subséquentes de mon écrit, j'avais supprimé le passage que je viens de citer, car, entre temps, les conséquences de la politique allemande mûrissaient, et, à mesure qu'elles se caractérisaient, les perturbateurs internationaux cessaient graduellement leur action — les puissances centrales prenant leur place.

Si l'on considère comme immorales les tendances impérialistes, si l'on croit que la question de culpabilité relève du
jugement moral, on est en droit de dire que moines et rab-
bins, Empires centraux et Entente, sont également coupables. Il en est autrement, si l'on considère la question de
culpabilité comme une question de causalité et non de moralité, et si l'on demande quelle politique définie a causé cette
guerre définie. On n'arrivera peut-être pas alors à une condamnation morale, mais certainement à une condamnation
politique, de personnes et d'institutions déterminées. Mais
de celles-ci seulement, et non du peuple entier, autrefois
dominé par elles, et qui, après leur élimination, doit naturellement développer des tendances tout autres.

Le professeur allemand a rendu le peuple allemand odieux
au temps de sa plus grande puissance militaire, et ridicule
au temps de sa défaite, l'élevant, comme un peuple de héros,
bien au-dessus des Anglais, et parlant de ceux-ci avec mépris
comme d'un peuple de commerçants sordides. Non seulement
les Allemands n'ont pas plus d'héroïsme qu'un autre peuple,
mais aussi, pas plus que leurs adversaires dans la guerre
mondiale, ils ne sont des ferrailleurs cherchant querelle à
tous.

Une chose doit, cependant, être admise :

Si les adversaires de l'Allemagne montraient quelquefois
les mêmes tendances impérialistes, le même penchant à la
guerre et à la conquête, si donc ils n'étaient pas *moralement*
supérieurs à l'Allemagne, ils la dépassaient pourtant en intelligence, quoi qu'en dise le professeur allemand.

Ils s'entendaient très bien à calculer, surtout les Anglais
et les Américains. Ils ne faisaient, à l'époque de l'impérialisme, une politique de guerre aggressive, que là où elle ne
mettait pas en danger leur propre pays. C'étaient des
hommes d'affaires trop prudents pour déchaîner une guerre
dans des conditions qui pouvaient amener leur ruine.
C'étaient des capitalistes avisés et non pas des risque-tout.
Et c'est pourquoi il est faux de dire que le capital mobile
provoque nécessairement des penchants belliqueux et des
dangers de guerre. Il ne le fait que sous l'empire de conditions particulières.

Seul, le capital mobile allemand se développait dans des
conditions qui le liaient d'une façon très étroite au milita-

risme le plus puissant et le plus sûr de la victoire qu'il y eût
au monde. Les États anglo-saxons, jusqu'à la guerre mondiale, ne connaissaient pas de militarisme. La France et la
Russie en avaient de reste, mais elles ne se sentaient pas
bien assurées de la victoire, après les défaites écrasantes
de 1870-1871 et de 1904-1905.

Le capital mobile allemand allié au militarisme le plus fort
et le plus impudent du monde, oublia de faire les mêmes
calculs exacts. C'est pourquoi il lui fut possible, non seulement de suivre, mais même de stimuler de toute sa force,
une politique qui isolait complètement l'Allemagne et provoquait toujours davantage ses voisins. Il perdit le sens de ce
qui était économiquement possible, et il poussa son Don
Quichotte, le militarisme, en guerre contre les moulins à vent
de l'Entente, guerre dans laquelle, non seulement le chevalier avide de se battre, mais aussi son Sancho Pança confiant, devaient rester sur place, mutilés et abattus.

CHAPITRE VII

MATÉRIAUX RELATIFS
A L'ORIGINE DE LA GUERRE

Les défenseurs de la politique allemande de guerre ont toujours prétendu que la « question de culpabilité » ne devait pas être résolue d'après les événements qui précédèrent immédiatement la guerre. Une manière de voir « scientifique » devait remonter beaucoup plus haut.

Nous avons déjà vu que la cause allemande ne gagne rien à ce procédé. De plus, cet effort pour diriger la recherche vers des époques antérieures et la détourner des dernières semaines de juillet 1914, indique déjà que les événements de ce mois sont encore plus accablants que ceux qui les précédèrent.

Mais une nouvelle considération scientifique se présente alors comme planche de salut aux défenseurs de l'ancien gouvernement allemand. Si l'on avait dit, tout d'abord, que le vrai savant ne doit examiner les choses que dans leur complexité totale et non pas par fractions, on dit maintenant : tout témoignage unilatéral est inopérant. Aussi longtemps que toutes les Archives secrètes de toutes les nations ne seront pas ouvertes, et que tous les hommes d'État qui y ont participé ne seront pas entendus comme témoins, il n'est pas possible d'avoir une opinion sur l'origine de la guerre.

Mais, ceux-là mêmes qui émettent de telles considérations, en prouvent la nullité par leur propre manière de procéder ; car ils se sont efforcés de prouver, immédiatement après le début de la guerre, que les Empires centraux avaient été attaqués, et même assaillis, par l'Entente.

Ils avaient raison, sans nul doute, en ceci : le monde, en présence d'une guerre, ne peut pas attendre que toutes les preuves documentaires possibles sur son origine, soient rendues publiques. Chaque homme politique doit prendre position vis-à-vis d'une guerre, selon les documents qui lui sont accessibles. Il doit tâcher qu'ils soient aussi complets que possible, mais ils ne seront jamais sans lacune ni pour l'homme politique du temps présent, ni pour l'historien de l'avenir. A celui-ci, quelques archives secrètes, aujourd'hui fermées, seront ouvertes, mais beaucoup de témoignages lui feront défaut que des contemporains auraient pu fournir et qu'ils n'auront pas fixés par écrit.

Si l'on ne peut tout savoir, si toutes les connaissances ne sont que fragmentaires, il serait cependant absurde de soustraire à l'humanité ce qu'on sait. Cette absurdité peut même devenir une de ces fautes politiques pires qu'un crime, lorsque la détention des matériaux doit servir à perpétuer un système dangereux pour la nation et pour l'humanité et à empêcher d'établir clairement ce qui s'est passé.

Les matériaux relatifs à l'origine de la guerre mondiale ne font point défaut. Dès son origine, nous fûmes inondés de Livres blancs, rouges, jaunes, bleus, etc., et bientôt leur dissection critique commença. Déjà, au printemps de 1915, fut publié *J'accuse*, de Grelling, continué plus tard, par *Le crime*, en trois volumes, du même auteur. Avec une grande pénétration, il réussissait déjà à découvrir la vérité sur des points essentiels.

Les *Mémoires* du prince Lichnowsky (1), au mois d'août 1916, furent d'une importance capitale. N'étant pas destinés à la publicité, ils tombèrent dans des mains pacifistes qui lui assurèrent bientôt une large circulation clandestine. Les publications de M. Mühlon eurent également leur importance.

Celui qui, après ces publications, ne voyait pas encore clair, devait avoir les yeux dessillés, après la Révolution de novembre, par la publication, faite par Eisner, du rapport de la Légation bavaroise à Berlin, en date du 18 juillet 1914. Malheureusement, Eisner commit, par sa publication incom-

---

(1) Ambassadeur d'Allemagne à Londres en 1914

plète, l'imprudence de traiter ce rapport plutôt en journaliste qui cherche à produire un effet, qu'en historien respectueux du texte complet et intégral des sources qu'il utilise. Il n'en publia que des extraits et en omit certains passages dans lesquels on a voulu voir l'amour de la paix du gouvernement allemand.

Nous verrons plus loin comment il faut apprécier cet amour de la paix qui aurait été manifesté dans les passages supprimés.

De nouveaux matériaux furent fournis par les publications des Ministères des Affaires étrangères d'Autriche et d'Allemagne, les Livres rouges et blancs. Le Livre rouge autrichien, déjà cité, donne des informations très importantes sur la question des auteurs de la guerre. Mais il convient d'examiner d'une façon critique la dissection de ces matériaux par le docteur Roderich Gooss, publiée en même temps que le premier volume de ce Livre rouge sous le titre *Le Cabinet de Vienne et l'origine de la guerre mondiale*. Puisque cet auteur ne connaissait pas les documents allemands, il est arrivé parfois, dans ses commentaires, à des conclusions très contestables et même entièrement fausses.

Avant le Livre rouge autrichien, en juin (1919) un Livre blanc allemand avait été publié, destiné à impressionner, durant les négociations de paix, les nations victorieuses, en faveur de l'Allemagne. En réalité, il ne contribua qu'à compromettre de nouveau la politique étrangère allemande. Nous en verrons les raisons par la suite.

Depuis cette époque, une autre œuvre a paru qui forme la source principale de l'exposé suivant, c'est la collection des documents sur les auteurs de la guerre, faite sous ma direction (1).

D'autres documents qui ont encore été publiés, complètent certains détails, mais ne changent rien à l'impression d'ensemble.

Comment, d'après toutes ces publications, les choses se sont-elles passées ?

---

(1) *Die deutschen Dokumente zum Kriegsausbruch. Vollstandige Sammlung von* Karl Kautsky. 4 vol. in-8. Charlottenburg, 1919

CHAPITRE VIII

SARAJEVO

Notre récit nous a conduits, dans le cinquième chapitre, jusqu'à la paix de Bucarest, et nous avons vu qu'après cette paix, Vienne était résolue à en obtenir avec l'aide de l'Allemagne, la revision à la première occasion favorable.

Les puissances centrales manifestaient alors une inquiétude continuelle et une grande soif d'action. L'Allemagne obtint de la Turquie qu'un général allemand, Liman von Sanders, fût envoyé à Constantinople, en décembre 1913, à la tête d'une mission militaire allemande, et devînt commandant en chef du premier corps d'armée. La Russie protesta avec violence, mais parvint seulement à obtenir le changement du titre de Liman en celui d'inspecteur général de l'armée turque (avec rang de maréchal).

Peu de temps après, en mars 1914, les Empires centraux eurent la satisfaction de mettre un des leurs, le prince de Wied, sur le trône du royaume, nouvellement créé, d'Albanie; ce fut un succès d'une nature très douteuse, puisque, dès le mois de mai suivant, le souverain allemand prenait la fuite devant ses sujets qui l'y poussaient, du reste, énergiquement, et se rendit ridicule, lui et ses protecteurs, aux yeux de toute l'Europe.

En même temps, les entrevues de l'Empereur Guillaume avec le prince héritier François-Ferdinand, devenaient plus fréquentes. En avril, ils se rencontraient à Miramar, et, de rechef, le 12 juin à Konopischt, en Bohême.

« La curiosité du public et l'intérêt des diplomates sont excités par ces témoignages d'une amitié trop vive pour n'être pas inquiétante. Pendant l'excursion à Konopischt, l'ambassadeur d'Allemagne à Londres est chargé de rassurer le Foreign Office sur la présence de l'amiral Tirpitz dans la suite de l'Empereur : cette visite n'a aucun but militaire. Qui s'excuse, s'accuse. L'amiral ne s'est évidemment pas déplacé pour aller respirer le parfum des roses de Bohême. »

Voilà comment un diplomate belge, le baron Beyens, raille dans son livre (1), le caractère inoffensif de cette entrevue. Beyens était, au début de la guerre, ministre de Belgique à Berlin ; c'est de là qu'il envoyait des rapports si sympathiques à l'Allemagne que le gouvernement allemand, les découvrant à son entrée à Bruxelles, en publia une série dans le volume *Belgische Aktenstücke 1905-1914*. Mais Beyens avait abandonné complètement, après l'ultimatum autrichien, l'opinion favorable qu'il avait de la politique allemande. Les rapports qu'il écrivit à ce moment ne furent pas publiés par le Département des Affaires étrangères de Berlin. On les trouve dans la *Correspondance diplomatique relative à la guerre de 1914-1915*.

Malgré Beyens, M. de Jagow, dans son livre (2) relate encore :

« Le prince héritier désirait montrer à son impérial ami la *floraison des roses* dans sa propriété de Bohême qu'il aimait de préférence à toute autre. »

Sur ce qui fut préparé à Konopischt, Guillaume seul pourrait donner des explications authentiques. Un rapport de Tschirschky, l'ambassadeur d'Allemagne à Vienne, en date du 17 juin 1914, au Chancelier de l'Empire, prouve que la visite n'avait pas seulement en vue l'aspiration du parfum des roses. Ce rapport débute ainsi :

« Le comte Berchtold a été invité à Konopischt par l'Archiduc François-Ferdinand, après le départ de Sa Majesté l'Empereur. Le Ministre m'a raconté aujourd'hui que Son Altesse Impériale et Royale a déclaré être satisfaite au plus haut point de la visite de Sa Majesté l'Empereur. Elle a discuté avec Sa Majesté toutes les questions possibles et pu constater l'entière concordance de leurs vues. » (3)

Malheureusement, le rapport ne dit pas quelles furent ces

(1) *L'Allemagne avant la guerre. Les causes et les responsabilités*, Paris, 1917, page 265.

(2) *Ursachen und Ausbruch des Weltkrieges*, Berlin, 1919, page 101.

(3) *Die deutschen Dokumente*, etc. N° 4.

vues. De ce qui suit, nous apprenons seulement qu'il y était
beaucoup question de la politique à suivre envers les Roumains. François-Ferdinand n'était pas d'accord avec Tisza
sur la politique roumaine, parce que ce dernier refusait de
faire, dans l'Etat hongrois, de plus larges concessions aux
Roumains. A ce sujet, Guillaume remarque dans une annotation marginale :

> « *Il ne doit pas, par sa politique* intérieure, *qui, dans la
> question roumaine, influe sur la politique* extérieure *de la*
> Triple-Alliance, *mettre cette dernière en question.* » (1)

La politique roumaine pratiquée par la Hongrie, empêchait
certainement le Gouvernement roumain de s'émanciper des
attaches de la Serbie et de la Russie, pour faire front contre
ces États à la suite de l'Autriche.

Aussitôt après l'entrevue de Konopischt, le Ministère des
Affaires étrangères se mit à l'œuvre et élabora un Mémoire
de nature à démontrer que la situation actuelle dans les
Balkans était devenue insupportable, et que l'Autriche se
voyait contrainte de s'opposer à la Russie qui avait en vue
la création d'une confédération balkanique dirigée contre la
Monarchie des Habsbourg. Dans ce but, elle cherchait à
gagner la Roumanie, dont les relations avec l'Autriche
avaient beaucoup empiré.

« La Monarchie s'est contenté jusqu'ici de discuter amicalement à Bucarest, le revirement de la politique roumaine,
mais n'a pas pris occasion d'en tirer des conséquences sérieuses, bien que ce revirement devînt toujours plus évident.
Le Cabinet de Vienne a été induit à cette attitude, en premier
lieu par le fait que le Gouvernement allemand était d'avis qu'il
s'agissait d'oscillations passagères, causées par certains
malentendus du temps de la crise, et qu'il y aurait une récu-
pération automatique, si l'on usait de tranquillité et de
patience. Mais il devenait évident que cette tactique de
l'*attente* tranquille et des *remontrances amicales* n'avait pas
eu l'effet désiré et que l'éloignement de l'Autriche-Hongrie et
de la Roumanie ne s'était pas ralenti, mais qu'au contraire il
avait été accéléré. » (2)

(1) *Die deutschen Dokumente, etc.* Nº 4.
(2) *Ibid.* Nº 14.

« Pour l'avenir » non plus, le Mémoire n'attendait pas de
« changement favorable ».

De même que dans le rapport relatif à Konopischt, la
question roumaine apparaît en premier lieu dans le Mémoire.
On touche à peine à la question serbe. Non pas que l'hostilité de l'Autriche à l'égard de la Serbie ait diminué, mais
elle ne rencontre pas d'obstacle à Berlin, tandis que le Gouvernement allemand pousse à une entente amicale avec la
Roumanie. L'Autriche, par contre, désire non seulement
renoncer à la tactique de « l'attente tranquille et des remontrances amicales » envers la Serbie *et* la Roumanie, mais,
également, envers la *Russie*.

Cet Etat, ainsi que l'explique le Mémoire, est un danger,
non seulement pour la Monarchie autrichienne, mais aussi
pour l'Allemagne. La Russie, et son alliée la France, visent
à « rompre la supériorité militaire des deux puissances impé-
riales, par un appoint de troupes auxiliaires tirées des
Balkans » et à renforcer la politique d'expansion russe au
détriment des intérêts allemands.

« Pour ces raisons, la direction de la politique étrangère
d'Autriche-Hongrie est persuadée de ce fait qu'il est de l'intérêt commun de la Monarchie et de l'Allemagne, dans l'état
actuel de la crise balkanique, de s'opposer, *en temps opportun et énergiquement*, à un développement auquel la *Russie*
aspire, qu'elle accomplit méthodiquement et qui, plus tard,
ne pourrait peut-être plus être annulé. » (1)

On peut à peine interpréter ce Mémoire autrement qu'en y
voyant la proposition, en langage diplomatique, d'une guerre
préventive contre l'Empire du Tsar.

Ce document dangereux était à peine achevé que la catastrophe de Sarajevo éclata.

De Konopischt, le prince héritier s'était rendu aux manœuvres de Bosnie. Elles devaient avoir lieu sur ce sol
brûlant, récemment annexé, en présence de François-Ferdinand, qui devait ensuite, tel un conquérant, faire une entrée
triomphale dans la capitale du pays. Comme si l'on voulait
provoquer, avec une intensité exceptionnelle, le sentiment
national, on avait choisi pour jour de l'entrée à Sarajevo, le
28 juin, le « Widow dan », fête de Saint-Guy, jour de deuil

______

(1) *Die deutschen Dokumente, etc.* N° 14.

pour les Serbes. Ce jour-là, en l'an 1389, ils avaient subi dans la plaine des Merles, luttant contre les Turcs qui les assujettissaient, une défaite terrible et décisive dont le souvenir vit encore dans les chants populaires. C'est celui où le souverain étranger du nord devait faire son entrée.

Et, selon la coutume de l'ancienne Autriche, à la provocation se joignait une insouciante légèreté.

Si, dans un pays où la classe des Seigneurs exerçait le plus terrible terrorisme et créait ainsi une atmosphère d'attentats, on faisait parader le prince héritier, il fallait, au moins, prendre soin de le protéger.

Mais on n'avait pas pris les moindres précautions. Le manque de réflexion et la légèreté avaient été si grands, qu'après l'échec du premier attentat, on laissa, de nouveau, circuler en voiture, par les rues, le prince héritier et sa femme, comme pour en faire des cibles faciles, en vue d'un second attentat.

Dans une dépêche du 3 juillet, le Ministre commun des finances, administrateur suprême de Bosnie, le docteur von Bilinski, souleva de graves accusations contre l'insouciance des milieux dirigeants de Bosnie, et en particulier des militaires :

« Dans les autres sphères de l'administration (excepté le Département de la Justice), des défectuosités étaient devenues patentes, dont la connaissance aurait, d'avance, dû empêcher un voyage de l'Archiduc François-Ferdinand. Le chef du pays (général d'artillerie Potiorek) savait de source certaine, que l'arrangement et l'exécution du voyage avaient été arrêtés *exclusivement* au point de vue *militaire* entre l'Archiduc et lui-même...

« Moins que tous autres, le docteur von Bilinski n'aurait pas dû supposer qu'une visite non militaire de Sarajevo pût être intercalée dans le programme militaire. Si le docteur von Bilinski avait su, par les rapports du chef du pays que l'administration de la police n'était nullement à la hauteur de sa tâche, le devoir de l'un et de l'autre aurait été *d'empêcher, de toutes façons*, le voyage. » (1)

Bientôt après, le 13 juillet, le conseiller de section von Wiesner, délégué à Sarajevo pour examiner les documents

----

(1) Gooss, *Wiener Kabinett*, pages 46 et 47.

de l'instruction contre les auteurs de l'attentat, télégraphiait :

« Complicité du gouvernement serbe dans la conduite de l'attentat ou dans sa préparation et fourniture des armes, prouvées par rien, même pas à présumer. *Il existe, au contraire, des indications pour considérer complicité comme inexistante.* »

Il ne fallait donc pas rechercher dans le Gouvernement serbe les coupables de l'acte sanguinaire. Par contre, l'ignorance, la légèreté, les méthodes insolentes de provocation du régime autrichien de violence, en étaient responsables.

Les facteurs qui permirent de réaliser l'attentat contre le prince héritier, furent les mêmes que ceux qui permirent ensuite cet autre attentat bien plus formidable contre la paix du monde.

Achille égorgea douze Troyens aux funérailles de son ami Patrocle. Durant quatre ans, pour les funérailles de François-Ferdinand, plusieurs millions d'hommes des cinq continents furent égorgés.

L'assassinat du représentant le plus actif du régime aurait dû être le *Mané, Thécel, Pharès* pour les régents de l'Autriche, les poussant à rebrousser chemin. Il faisait clairement ressortir les fruits de la politique de violence et constituait une admonition frappante d'avoir à remplacer cette politique par une politique de liberté et de conciliation, la seule qui pouvait rendre quelque vitalité à cet organisme d'État qui s'effondrait.

Mais, comment un régime de force aurait-il fait attention à ce *Mané, Thécel, Pharès*? Il se sentait entraîné, au contraire, à renforcer le terrorisme et à ajouter, à la violence envers ses sujets croates et bosniaques, la violence envers l'État serbe qu'on résolut alors d'écraser complètement. Avant que le rapport de Wiesner relatif aux auteurs de l'attentat fût arrivé, les potentats de Vienne avaient déjà formulé la conviction que le gouvernement serbe devait être rendu responsable du crime.

CHAPITRE IX

LA CONSCIENCE MONARCHIQUE DE GUILLAUME

Si, dans le Mémoire, dont la rédaction avait été terminée avant l'attentat, la Roumanie avait été le premier souci de l'Autriche, la Serbie passait maintenant, de rechef, au premier plan. Au texte du Mémoire, dans lequel on n'avait parlé qu'incidemment de la Serbie, fut ajouté un post-scriptum qui disait :

« Le Mémoire ci-dessus venait d'être terminé, lorsque sont survenus les terribles événements de Sarajevo.

« On peut à peine se rendre compte de toute la portée de cet abominable assassinat. Toutefois, s'il en était encore besoin, il a apporté la preuve indéniable de l'impossibilité de faire disparaître l'antagonisme entre la Monarchie et la Serbie, ainsi que le danger et l'intensité des efforts de la propagande panserbe qui ne recule devant rien...

« Dans ces conditions, la nécessité s'impose, pour la Monarchie, de déchirer d'une main énergique, le réseau dont son adversaire voulait tisser un filet pour l'étouffer. » (1)

En d'autre termes, l'Autriche, ou plutôt le comte Berchtold et ses gens, étaient résolus à faire la guerre à la Serbie et, s'il le fallait, à la Russie.

Quelle attitude prit le Gouvernement allemand en cette occurrence? Cela n'est point encore clair. Le Gouvernement allemand irait-il à la remorque de l'Autriche, sans trop savoir ce qu'il faisait, ou coopérerait-il avec joie, avec énergie, en pleine connaissance de cause?

Son attitude envers la politique balkanique de l'Autriche, fut essentiellement modifiée par l'attentat de Sarajevo.

(1) *Die deutschen Dokumente, etc.,* N° 14.

Quand la Roumanie, alliée à la Serbie, était entrée dans la seconde guerre balkanique, en 1913, le roi Carol, un Hohenzollern, avait été couvert par Guillaume, un Hohenzollern également, contre les Habsbourg. A ce moment, Berlin engageait Vienne à la réserve.

Le 2 juillet 1914, Berchtold (1) disait encore à Tschirschky :

« Quand la Roumanie, sans nous consulter et contre nos intérêts qu'elle connaissait bien, avait alors assailli, ensemble avec la Serbie, la Bulgarie faible et sans défense, l'Allemagne avait couvert la Roumanie et nous avait fait comprendre qu'il fallait nous tenir tranquilles. » (2)

Après Sarajevo, la colère de l'Autriche ne fut plus dirigée contre la Roumanie et la Serbie réunies; elle se concentra entièrement sur cette dernière. Le Gouvernement serbe, quoique monarchique, ne passait, aux yeux de Guillaume, que pour fauteur de désordres et auteur d'assassinats de monarques. Sa conscience dynastique, qui avait contenu l'Autriche vis-à-vis de la Roumanie, devenait maintenant agissante et le poussait droit en avant contre la Serbie. Non seulement les principes monarchiques, mais aussi des appréhensions personnelles aidaient à créér cet état d'esprit. Ne fit-il pas contremander, à Vienne, la visite de condoléance qu'il se proposait de faire le 2 juillet, parce que des avis de Sarajevo lui faisaient craindre que, dans la capitale autrichienne, une bande d'assassins serbes le guettaient?

De prime abord, dès qu'il eut connaissance de l'attentat, son avis fut celui que François-Joseph exprima alors dans la lettre autographe qu'il reçut le 5 juillet. François-Joseph y disait déjà :

« Les efforts de mon Gouvernement doivent, à l'avenir, être dirigés vers l'isolement et *l'amoindrissement de la Serbie.* » (3)

Et il terminait par ces paroles :

« Toi aussi, après le dernier et terrible événement de Bosnie, Tu auras la conviction qu'on ne saurait songer à résoudre l'antagonisme qui nous sépare de la Serbie, et que

---

(1) Comte Léopold Berchtold, Président du Conseil des ministres d'Autriche-Hongrie, en 1914.

(2) *Livre rouge autrichien,* 1919, I, page 19.

(3) *Die deutschen Dokumente, etc.,* No 13.

le maintien, par tous les Monarques européens, d'une politique de paix, sera menacé *aussi longtemps que ce foyer d'agitation criminelle de Belgrade restera impuni* ».

Avant que cette lettre autographe fût arrivée à Potsdam, Guillaume s'était déjà décidé, sans avoir égard aux conséquences, à la destruction de la Serbie. Sa conscience monarchique était excitée par les coups de feu de Sarajevo, à une impulsion furieuse de vendetta contre le peuple d'assassins. Le prince Lichnowsky était à Berlin, dans les journées qui suivirent l'attentat. Il relate une conversation avec Zimmermann (1), remplaçant alors Jagow (2) absent :

« Une évidente animosité contre la Russie, qui se trouvait partout sur notre chemin, perçait dans ses paroles... On ne me dit pas, naturellement, que le général de Moltke poussait à la guerre. Mais j'appris que M. de Tschirschky avait été blâmé, parce qu'il rapportait qu'il avait conseillé à Vienne la modération envers la Serbie. » (3)

Les renseignements de Lichnowsky trouvent leur confirmation dans les documents du Département des Affaires étrangères de Berlin. Nous reproduisons un rapport que Tschirschky adressa, le 30 juin, au Chancelier de l'Empire. Il devient important par les annotations marginales de l'Empereur que nous reproduisons également :

> « Le comte Berchtold m'a dit aujourd'hui que tout indiquait que les fils de la conspiration dont l'Archiduc avait été victime, *se rattachaient à Belgrade.* L'affaire avait été si bien combinée que l'on avait, à dessein, recherché, pour exécuter le crime, de tout jeunes gens qui ne pouvaient être condamnés qu'à des *j'espère bien que non!* peines secondaires. Le Ministre parle avec une grande amertume des complots serbes.

(1) Sous-secrétaire d'Etat des Affaires étrangères d'Allemagne en 1914 et jusqu'au 22 novembre 1916, puis Ministre des Affaires étrangères jusqu'au 6 août 1917.

(2) Ministre des Affaires étrangères d'Allemagne, en 1914.

(3) *Meine Londoner Mission,* page 27.

maintenant ou jamais!

« Ici, j'entends même des gens sérieux exprimer le désir de *régler enfin définitivement les comptes avec les Serbes.* On devrait poser aux Serbes une série de conditions, et, au cas où ils ne les accepteraient pas, procéder d'une manière énergique. *Je profite de toute occasion de ce genre pour déconseiller tranquillement, mais sérieusement, des mesures précipitées.* Avant tout, il faut bien savoir ce que l'on veut, car je n'ai entendu jusqu'ici que des impressions très vagues et très confuses. Il conviendra de peser soigneusement les chances d'une action quelconque et de se rappeler que l'Autriche-Hongrie n'est pas seule dans le monde ; que c'est pour elle une nécessité, tout en observant les égards dus à ses Alliés, de tenir compte de la situation européenne dans son ensemble, spécialement de ne pas perdre de vue l'attitude de l'Italie et de la Roumanie dans toutes les questions concernant la Serbie. » (1)

Qui l'y a autorisé? C'est très bête ! Cela ne le regarde pas du tout. C'est exclusivement l'affaire de l'Autriche de voir ce qu'elle compte faire. Après, si cela va mal, on dira : l'Allemagne n'a pas voulu !! Que Tschirschky me fasse le plaisir de laisser là toutes ces sottises. Avec les Serbes, il faut en finir et le plus tôt possible.

cela se comprend tout seul et ce sont des vérités de La Palisse.

Ce document fut retourné, le 4 juillet, du cabinet de l'Empereur au Département des Affaires étrangères. *Donc, déjà à ce moment,* avant que l'Autriche eût formulé la moindre demande, l'opinion de Guillaume était arrêtée : « Avec les Serbes, il faut en finir et le plus tôt possible ». L'hypothèse que le livre de Gooss défend avec un grand luxe d'arguments, à savoir que l'Allemagne, dans la crise serbe, s'était bornée à marcher à la remorque de l'Autriche, en qui elle aurait mis trop de confiance, est absolument fallacieuse.

____

(1) *Die deutschen Dokumente, etc.,* N° 7.

CHAPITRE X

LA CONSPIRATION DE POTSDAM

Le 4 juillet, le comte Hoyos (1), conseiller de légation autrichien, arrivait à Berlin pour remettre à Guillaume la lettre autographe, dont j'ai déjà fait mention, de l'Empereur François-Joseph. On ne fixe pas toujours sur le papier, avec une parfaite netteté, les pensées compromettantes. Pourtant, la lettre autographe parlait déjà de l' « amoindrissement » nécessaire de la Serbie. Le comte Hoyos donna verbalement l'explication de ce terme, par lequel il fallait entendre le partage de la Serbie entre ses voisins. Hoyos, l'homme de confiance de Berchtold, exposa ce plan au Chancelier de l'Empire et au Sous-secrétaire d'État Zimmermann. Ils ne songèrent pas un instant à agir de manière à retenir les Autrichiens.

Il est vrai que le Livre blanc susmentionné de juin 1919, qui est, en réalité, destiné à blanchir, remarque :

« Le Ministère des Affaires étrangères de Vienne tint, *plus tard*, à constater qu'il ne partageait pas les vues purement personnelles du comte Hoyos s'appliquant à l'acquisition de territoires serbes et même à un partage de la Serbie. » (P. 56).

Cette relation n'est pas tout à fait exacte. Le Ministère déclara bien que les vues du comte Hoyos lui étaient personnelles, mais il ne permit jamais de reconnaître sans ambages qu'il était d'une opinion différente; il ne pouvait le faire par cette raison même, que les vues de M. le conseiller de légation étaient complètement d'accord avec celles de son

(1) Chef de Cabinet du Ministre des Affaires étrangères austro-hongrois, en 1914.

chef, le Ministre Berchtold. Aussi, le Ministère des Affaires
étrangères de Vienne n'a-t-il jamais fait connaître ses intentions relatives à la Serbie. En tout cas, même si le simple
désaveu de Hoyos eût pu donner une explication tranquilli-
sante, relativement aux plans de l'Autriche, elle n'était
arrivée que *plus tard*, après le 5 juillet, jour où l'ambassadeur d'Autriche à Berlin remit à l'Empereur d'Allemagne
la lettre autographe de François-Joseph et où les résolutions
définitives furent prises.

On a disserté à perte de vue sur les délibérations qui
eurent lieu ce jour-là; elles excitaient d'autant plus la fantaisie du monde extérieur, qu'il était peu renseigné sur elles.
Un Conseil de la Couronne aurait eu lieu à Potsdam, auquel
auraient pris part l'archiduc Frédéric, le comte Berchtold et
Conrad von Hötzendorf (1); la guerre à la Serbie, ou même
la guerre mondiale, y aurait été décidée. Le Livre blanc,
déjà cité, de juin (1919) établit que ce Conseil de la Couronne
est une légende. Comme preuve, il cite Sir Horace Rumboldt,
conseiller de légation d'Angleterre à Berlin au début de la
guerre, lequel considère comme invraisemblable qu'une telle
réunion ait eu lieu. Il est de cet avis, non pas à cause des
affirmations du Gouvernement allemand, mais malgré elles :

« Le caractère habituellement mensonger du Gouvernement allemand est, en effet, si grand, que je suis involontai-
rement tenté d'ajouter foi à chaque assertion qu'il nie. »

C'est à ce témoignage honorable que le Livre blanc de
juin 1919 fait appel, comme preuve de l'innocence de l'ancien Gouvernement allemand. Le Livre blanc raconte ensuite
ce qui aurait effectivement eu lieu à Potsdam le 5 juillet. Il
répète, en substance, ce que la revue hebdomadaire *Deutsche
Politik* avait publié en mai (1919). C'est une histoire d'apparence très inoffensive.

Selon ce récit, le 5 juillet, l'ambassadeur autrichien
Szögyeny (2) déjeuna chez l'Empereur Guillaume à Potsdam
et lui remit la lettre autographe de son Souverain.

Quelques instants plus tard, Bethmann-Hollweg et Zimmermann, ce dernier remplaçant Jagow absent, se présen-

----

(1) Général d'infanterie et Chef de l'État-major austro-hongrois en 1914.

(2) Comte L. de Szögyeny-Marich, ambassadeur d'Autriche-Hongrie à
Berlin en 1914.

tèrent chez l'Empereur et « discutèrent la situation politique ». Le lendemain, l'Empereur Guillaume s'embarquait pour la Mer du Nord. C'était, évidemment, l'indice le plus clair qu'il n'attendait ni ne projetait rien de fâcheux.

Le Livre blanc raconte les mêmes faits, mais omet de signaler le voyage dans la Mer du Nord. Par contre, il ajoute :

« Il n'a *pas été pris de décisions spéciales*, puisqu'il était établi à l'avance qu'il n'était pas possible de refuser à l'Autriche-Hongrie, dans son désir d'obtenir de la Serbie des garanties réelles, l'appui conforme aux obligations de l'alliance. » (P. 50).

Cela semble, évidemment, fort inoffensif, mais ne peut vouloir dire que ceci, à savoir que le Gouvernement allemand, lors de cette « discussion », trouvait déjà naturel que l'Autriche demandât des « garanties réelles » — on sait ce que cela veut dire — et que l'Allemagne, « conformément aux obligations de l'alliance, y prît part. Il n'aurait plus été nécessaire, le 5 juillet, de prendre, *là-dessus*, de « décisions spéciales ».

Le Livre blanc de juin 1919 semble rédigé pour un public très naïf. Au début de son récit, il nie qu'un Conseil de la Couronne ait eu lieu le 5 juillet, conseil qui aurait décidé « la guerre à la Serbie », et, d'après une autre version, « la guerre mondiale ». Mais la réfutation ne porte que sur ce qui suit :

1° Qu'il n'y a pas eu de Conseil de la Couronne, mais seulement des discussions isolées ;

2° Que la *guerre mondiale* n'y fut pas décidée. De la guerre *à la Serbie*, il n'est plus question.

Il dit enfin :

« Du télégramme (du Gouvernement allemand) à Vienne du 6 juillet, et de la lettre autographe de l'Empereur Guillaume du 14 juillet, il résulte clairement qu'à Berlin, on tenait également compte de la *possibilité* de l'*immixtion de la Russie* et de ses *conséquences*, mais qu'on ne comptait pas sur une *probabilité* quelconque de guerre générale. De l'*intention*, enfin, de déchaîner une *guerre européenne*, il ne peut être question, et les documents ci-joints le démontrent irréfutablement. » (P. 57). .

A cet égard, Lichnowsky dit dans ses Mémoires :

« J'ai appris plus tard que, dans la discussion décisive du
5 juillet à Potsdam, la demande viennoise avait rencontré
l'assentiment sans conditions de toutes les personnes autori-
sées, et même avec cette addition qu'il ne serait pas mauvais
non plus qu'une *guerre avec la Russie* dût en résulter. Ceci
est dit, du moins, dans le procès-verbal autrichien que le
comte Mensdorff (1) reçut à Londres. » (P. 28).

Le comte Szögyeny, ambassadeur d'Autriche à Berlin,
rapporte ce qui suit de sa conversation du 5 juillet avec
Guillaume :

« D'après son opinion (celle de l'Empereur Guillaume), il
ne faut pas attendre longtemps pour agir (contre la Serbie).
L'attitude de la Russie serait certainement hostile, mais il y
était préparé depuis des années, et nous pourrions être
assurés que, même si une guerre éclatait entre l'Autriche-
Hongrie et la Russie, l'Allemagne, dans sa fidélité coutu-
mière d'alliée, serait à nos côtés. La Russie, du reste, d'après
la situation actuelle, n'était *pas encore prête à la guerre* et
réfléchirait, sans doute, longuement, avant de faire appel
aux armes. Mais elle exciterait les autres puissances de la
Triple-Entente contre nous et attiserait le feu dans les
Balkans.

« Il comprenait très bien que Sa Majesté apostolique Impériale et Royale, grâce à son amour bien connu de la paix, se
déciderait difficilement à entrer en Serbie; mais, si nous
reconnaissions vraiment la nécessité d'une action contre ce
pays, Il (l'Empereur Guillaume) *regretterait* de nous voir
laisser échapper, sans l'utiliser, l'occasion présente si favorable pour nous. » (2).

Le docteur Gooss essaie de mettre en doute la responsabilité morale du comte Szögyeny. Il en est de même pour les
quatre auteurs d'un Mémoire sur les responsables de la
guerre, inséré dans le Livre blanc de juin 1919 les professeurs Hans Delbrück, Mendelssohn-Bartholdy et Max Weber,
et le comte Montgelas.

Nous aurons l'occasion d'y revenir; il nous suffira
d'observer ici que les communications de l'Ambassadeur
d'Autriche à Berlin sont complètement d'accord avec ce que

____

(1) Ambassadeur d'Autriche-Hongrie à Londres en 1914.
(2) *Livre rouge autrichien*, 1919, I, page 22.

nous savons de la façon de penser de Guillaume à ce moment,
et avec ce que ses observations, en marge du rapport de
Tschirschky du 30 juin, font déjà entrevoir. Un témoignage
de la véracité des rapports de Szögyeny existe, par hasard,
qui date de cette époque. Le 6 juillet, le comte eut une
conférence avec Bethmann-Hollweg, dont celui-ci informa
Tschirschky ; en même temps, Szögyeny envoyait à Berchtold
son rapport sur le même entretien. Le lendemain, Tchirs-
chky eut l'occasion de comparer les deux documents. Le
7 juillet il télégraphiait à ce sujet au Ministère des Affaires
étrangères :

« Le rapport du comte Szögyeny répondait *parfaitement
au contenu* du télégramme que Votre Excellence a bien voulu
m'adresser le 6 de ce mois, N° 113. » (1).

Il n'est donc pas si simple de se débarrasser de ce témoin
gênant.

Il est vrai que, dans ces conversations, Bethmann-Hollweg
s'exprimait plus prudemment que son maître impérial. Mais
il en était souvent ainsi.

Le détail que voici n'est peut-être pas sans importance.
Szögyeny rapporte que Guillaume avait été très réservé
avant le déjeuner. Ce n'est qu'après le déjeuner que sa
langue se délia.

Sur ce que le 5 juillet, l'Empereur examina avec ses gens,
nous n'avons pas de renseignements. Mais il faut cependant
ajouter foi au *Livre blanc* de juin 1919, quel que soit le peu
de confiance qu'il mérite, quand il affirme que l'intention de
déchaîner une guerre européenne n'existait pas alors. Seulement, il omet d'ajouter qu'on laissa aux Autrichiens les
mains libres pour faire la guerre à la Serbie, au risque de
provoquer ainsi une guerre contre la Russie.

Au fond, le Gouvernement allemand l'a déjà admis dans
son premier Livre blanc, publié au début de la guerre. Il y
déclarait :

« Dans ces conditions, l'Autriche devait se rendre compte
qu'il n'était ni de la dignité, ni de l'intérêt de la Monarchie,
de rester plus longtemps indifférente à l'agitation de ce
côté-là de ses frontières. Le gouvernement impérial et royal
nous avisait de ces machinations et nous demandait notre

(1) *Die deutschen Dokumente, etc.*, n° 18.

avis. *De tout cœur*, nous pouvions dire à notre alliée que nous partagions sa manière de voir et l'assurer qu'une action qu'elle jugeait nécessaire pour mettre fin en Serbie à l'agitation dirigée contre l'existence de la Monarchie, aurait toutes nos sympathies. Nous avions conscience que des actes d'hostilité éventuels de l'Autriche-Hongrie contre la Serbie, pourraient mettre en scène la Russie, et nous entraîner dans une guerre correspondant à nos obligations d'alliance. » (PP. 3 et 4).

Si Bethmann-Hollweg et l'Empereur n'avaient vraiment pas, le 5 juillet, envisagé la possibilité d'une guerre européenne, à laquelle ils provoquaient par leurs procédés, c'eût été le comble de l'insouciance.

Il est certainement étonnant que l'Empereur, en présence d'une situation aussi grave et aussi dangereuse, ait commencé son voyage dans la Mer du Nord. Une chose est évidente : le souverain le plus léger lui-même n'aurait pas osé le faire sans s'être préalablement assuré que le matériel et l'armement de l'État étaient prêts à répondre à toutes les éventualités. Le fait, qu'après les « conversations » de Potsdam, il entreprenait son voyage d'été, indique suffisamment ce qui avait été décidé par les conjurés.

Si, à cette époque, Guillaume et Bethmann-Hollweg, comme ce dernier le déclare lui-même, avaient promis leur concours à une « action belliqueuse de l'Autriche-Hongrie », au risque d'être impliqués dans une guerre contre la Russie, ils devaient se tenir prêts à la lutte. Bethmann-Hollweg ne devait pas laisser Guillaume s'embarquer pour la Mer du Nord.

Il n'est donc pas surprenant du tout qu'il existe une « Note du Sous-Secrétaire d'État, chevalier von dem Bussche (1), remplaçant le Secrétaire d'État », en date du 30 août 1917, disant (2) :

« Au lendemain du jour où l'Ambassadeur d'Autriche-Hongrie, eut remis, en juillet 1914, la lettre de l'Empereur François-Joseph, apportée par le comte Hoyos, à S. M. l'Empereur, et après la réception du Chancelier de Bethmann-Hollweg et du Sous-Secrétaire d'État Zimmermann, une déli-

---

(1) Sous-Secrétaire d'Etat aux Affaires étrangères de l'Empire allemand, à partir du 27 novembre 1916.

(2) *Die deutschen Dokumente, etc., Anhang VIII.*

bération d'autorités militaires eut lieu à Potsdam, chez Sa Majesté. Y prenaient part : Son Excellence Capelle, remplaçant Tirpitz, le capitaine Zenker pour l'État-major de la Marine, des représentants du Ministère de la guerre et de l'État-major général. *Il fut décidé de prendre, pour toutes les éventualités, des mesures préparatoires de guerre. Des ordres furent donnés en conséquence. — De source absolument sûre.* » « Bussche » (1).

(1) Le présent ouvrage était déjà en cours d'impression, lorsque j'ai eu connaissance des résultats de l'enquête ouverte en octobre 1919, par la Chancellerie, à l'instigation de MM. Montgelas et Schücking, sur la note de Bussche relative aux événements de Potsdam des 5 et 6 juillet.

Je ne pouvais plus les utiliser, mais je crois nécessaire de faire observer ici qu'ils ne modifient en rien mon opinion sur ces événements.

Donc, le 6 juillet au matin, l'Empereur fit venir à Potsdam l'amiral de Capelle, remplaçant Tirpitz alors absent de Berlin, et « lui fit part de la situation tendue afin qu'il y donnât toute son attention ».

En outre, l'Empereur fit appeler, en même temps, à Potsdam, un représentant de l'État-major. Le général de Bertrab se présenta. Ce dernier, dans sa communication au Ministère des Affaires étrangères, désigne aujourd'hui encore, l'Empereur sous le vocable de « Sa Majesté ». D'après un rapport du comte Waldersee, l'Empereur aurait dit au général « pour être communiqué au chef d'État-major — le général de Moltke se trouvait alors à Carlsbad — que lui, l'Empereur, avait promis à l'Empereur François-Joseph *d'être derrière lui avec la puissance allemande, si des complications résultaient de l'action que l'Autriche-Hongrie méditait contre la Serbie.* »

Le comte Waldersee ajoute :

« Pour moi, qui remplaçais le général de Moltke dans toutes les affaires concernant la guerre, il n'y avait rien à faire à la suite de l'audience du général de Bertrab à Potsdam. Les travaux de mobilisation prévus par le plan avaient été achevés le 31 mars 1914. L'armée était prête, comme toujours. »

Ceci est certainement très intéressant au point de vue purement militaire. L'importance *politique* de ces entrevues n'en est pas plus diminuée que du fait que l'on se défend contre l'appellation de « consultations des autorités militaires », ce qu'on désigne simplement du nom d' « audiences ». On ne voit pas bien pourquoi on s'oppose tant à admettre la réalité de ces conférences.

Guillaume eut vraiment atteint le comble de la légèreté s'il ne les avait pas tenues, après la promesse qu'il avait faite à François-Joseph « d'être derrière lui avec la puissance allemande » quelles que soient les suites de l'aventure serbe.

Après avoir donné sa parole, et à la veille de son départ pour le nord, une communication aux chefs de l'armée et de la marine était bien la moindre chose à laquelle Guillaume, chef suprême de la force armée, fût absolument obligé. C'est dans sa promesse, et non pas dans les conférences

Les indications que M. de Tirpitz donne dans ses *Souvenirs* (1919, page 209) témoignent du même fait. Elles relatent que Guillaume trouva nécessaire, en dépit de tout son optimisme, d'être armé pour toutes les éventualités :

« Pour cette raison, il a, dès le 5 juillet, convoqué à Potsdam le Chancelier de Bethmann-Hollweg, le Ministre de la guerre de Falkenhayn, le Sous-Secrétaire d'État aux Affaires étrangères Zimmermann, et le chef du cabinet militaire de Zenker. On y décida que des mesures de nature à émouvoir l'opinion ou à engager des dépenses spéciales, devraient être évitées. »

Ensuite, le 6 juillet, l'Empereur se serait entretenu à Potsdam, avec Capelle, remplaçant Tirpitz, alors absent.

Hormis quelques détails, c'est la même relation que celle notée par Bussche. Mais le voile qui couvre les « conversations isolées » de Potsdam, n'est pas encore complètement levé. Il ne s'agissait certainement pas d'un *Conseil de la Couronne*. Bien plus, Guillaume, selon toute apparence, décida seul à cette heure fatidique. La réunion qui s'ensuivit peut, avec plus de raison, être appelée un *conseil de guerre*. C'était aussi une conspiration, au moins contre la Serbie et la Russie, sinon contre la paix du monde.

militaires, que réside la culpabilité de Guillaume. Les conférences ne furent que les conséquences de la fatale promesse, attestée maintenant à nouveau par le témoignage de Waldersee.

Quant au reste les communications de MM. Capelle, Bertrab et Waldersee confirment le caractère *secret* des conférences militaires. Capelle, de même que Bertrab, furent reçus par l'Empereur dans le jardin, « personnellement et sans témoins ». Chacun d'eux lui parla à part, les yeux dans les yeux. Ce ne fut pas, en effet, un conseil de guerre ordinaire. A plus forte raison, cela ressemblait-il à une *conspiration*.

Il faut espérer que la Commission d'enquête réussira à faire une pleine lumière sur cette affaire obscure.

Mais, pour juger les événements d'alors au point de vue politique, on est déjà assez renseigné sur elle.

CHAPITRE XI

LES CONSPIRATEURS AU TRAVAIL

§ 1. — L'INSISTANCE DE GUILLAUME

L'effet, sur le Gouvernement autrichien, de l'entretien inoffensif, du 5 juillet, à Potsdam, relatif à « la situation politique », est indiqué par le témoignage de ce gouvernement au Conseil des ministres austro-hongrois du 7 juillet. Le procès-verbal en est, maintenant, rendu public (1).

Berchtold débuta par la déclaration que l'heure était venue de mettre la Serbie hors d'état de nuire « à tout jamais ». A cet effet, il était entré en communication avec le Gouvernement allemand qui avait promis son appui sans restriction pour la guerre contre cet État.

« Il se rendait bien compte qu'une passe d'armes avec la Serbie pourrait avoir pour conséquence la guerre contre la Russie. »

Mais il était préférable que ce fût maintenant, car la Russie devenait de plus en plus forte dans les Balkans.

Tisza fut d'avis qu'une guerre contre la Serbie était devenue possible, mais il n'était pas favorable à la guerre en toutes circonstances, ou sans préparatifs diplomatiques.

« Il ne consentirait jamais à une attaque brusquée contre la Serbie, sans une action diplomatique préalable, ce que l'on paraissait méditer, et qui, *à son grand regret, paraissait aussi avoir été discuté à Berlin, par le comte Hoyos.* »

On avait donc examiné, à Berlin même, la possibilité d'une guerre à la Serbie sans aucun ultimatum. Tisza, comprenant

(1) *Livre rouge autrichien de 1919*, pages 25 à 38.

trop bien qu'on se mettrait ainsi, d'avance, dans son tort,
parvint à l'empêcher. Il voulait un ultimatum, mais un ultimatum acceptable pour la Serbie. Si elle l'acceptait, on
aurait obtenu un grand succès diplomatique qui permettrait
de se déclarer satisfait.

Après de longues délibérations, on put constater enfin :

« 1° Que le Conseil était unanime à désirer une décision,
belliqueuse ou pacifique, mais aussi accélérée que possible,
du litige avec la Serbie;

« 2° Qu'il serait disposé à se rallier à l'avis du Président
du Conseil du royaume hongrois, c'est-à-dire de procéder à
la mobilisation, seulement après que des demandes positives
adressées à la Serbie, auraient été rejetées, et qu'un ultimatum lui aurait été adressé;

« Par contre, *tous les assistants*, à l'exception du Président
du conseil hongrois, étaient d'avis *qu'un succès purement
diplomatique*, même s'il aboutissait à une humiliation de la
Serbie, serait *sans valeur*, et qu'il faudrait donc lui poser
des conditions si sévères qu'elles *fissent prévoir un refus*,
afin de s'acheminer ainsi vers une solution radicale par voie
d'intervention militaire. »

Ce joli petit plan était la conséquence des conversations du
5 juillet, à Potsdam, sur la « situation politique ». Il fut,
aussitôt, transmis à Berlin par le rapport de Tschirschky, du
8 juillet, où il est dit entre autres choses (1) :

« Le comte Berchtold observa que si son Empereur se ran-
geait à l'avis qu'il fallait d'abord poser des conditions à la
Serbie, il lui conseillerait, en tout cas, *de poser des conditions telles, que leur acceptation parût impossible.* »

A cet égard, on était donc renseigné à Berlin dès le début.

Non seulement Guillaume approuvait cette politique, mais
il insistait sur sa réalisation rapide. Déjà, ses remarques
sur les rapports que Tschirschky envoyait de Vienne, en
témoignent.

Celui-ci communiquait le 10 juillet (2) :

   « Absolument secret.

   « Le comte Berchtold me communique

____

(1) *Die deutschen Dokumente etc.*, N° 19.
(2) *Ibid.*, N° 29.

ce qui suit sur le rapport qu'il a fait hier à S. M. l'Empereur François-Joseph à Ischl :

« S. M. l'Empereur a examiné la situation avec le plus grand calme. Puis, Elle a exprimé ses vifs remerciements pour l'attitude de notre auguste Souverain et du Gouvernement impérial et a déclaré qu'Elle partageait *maintenant* complètement notre opinion ; qu'Elle estimait comme nous qu'il fallait aboutir à une décision pour mettre fin à l'état de choses intolérable en Serbie. Sur la portée d'une telle décision, le comte Berchtold ajouta que S. M. était entièrement d'accord.

« Le Ministre a donné connaissance à l'Empereur des deux modalités discutées actuellement sur la manière d'après laquelle il conviendrait de procéder contre la Serbie. S. M. pensait que, peut-être, on réussirait à concilier les points de vue opposés ; mais Elle était d'avis qu'il y avait lieu *de poser des conditions concrètes à la Serbie.* Lui, le Ministre, ne méconnaissait pas les avantages d'une telle manière de procéder. On éviterait ainsi l'odieux d'une attaque brusquée de la Serbie, qui retomberait sur la Monarchie, et l'on mettrait la Serbie dans son tort. Ce mode de procéder faciliterait aussi à la Roumanie ainsi qu'à l'Angleterre une attitude tout au moins neutre. Les exigences qu'il y avait lieu de formuler contre la Serbie étaient maintenant ici le souci principal, et le comte Berchtold dit qu'il serait heureux de savoir ce qu'on en pensait à Berlin. Il estimait qu'on pourrait exiger notamment l'installation à Belgrade, d'un organe du Gouvernement austro-hongrois, pour surveiller les menées panserbes, et éventuellement

aussi la dissolution des sociétés et la des-
titution *de quelques officiers compromis.*
Le délai assigné pour la réponse devrait
être très court, environ 48 heures. Certainement, ce délai très court suffirait
pour demander, de Belgrade, des avis à
St-Pétersbourg. Si les Serbes acceptaient
toutes les conditions qu'il aurait posées,
ce serait une solution qui lui serait « très
antipathique », et il réfléchissait encore
aux *conditions* qu'on pourrait *poser à la
Serbie,* pour rendre *une acceptation complètement impossible.*

des

Hartwig est mort !

*Evacuer le Sand-
jack ! Alors, nous
sommes en pleine ba-
garre ! L'Autriche
doit immédiatement le
reprendre pour empê-
cher l'union de la Ser-
bie et du Monténégro
et couper aux Serbes
l'accès à la mer !*

*Vis-à-vis d'assas-
sins ! Après ce qui
s'est passé ?*
Stupidité !

« Le Ministre se plaignit ensuite de
l'attitude du comte Tisza qui lui rendait
difficile une action énergique contre les
Serbes. Le comte Tisza prétendait qu'il
fallait procéder « gentlemanlike » ; mais
c'était difficile quand il s'agissait d'Etats
aussi importants, et, surtout, vis-à-vis
d'un adversaire comme la Serbie.

« La suggestion du Gouvernement impérial d'influencer, dès maintenant, l'opinion publique en Angleterre par une
campagne de presse contre la Serbie —
au sujet de laquelle a télégraphié le comte
Szögyeny — a été favorablement accueillie
par le Ministre. Il estime, toutefois, qu'il
faut agir avec prudence, pour ne pas
alarmer trop tôt la Serbie.

« Le Ministre de la Guerre partira
demain en congé, et le baron Conrad von
Hötzendorf quittera pour quelque temps
Vienne. Tout cela se fait à dessein, à ce
que m'a dit le comte Berchtold, pour
prévenir toute inquiétude.

enfantin !

*c'est comme au temps
de la guerre de Silésie !*

« *Je suis opposé aux conseils de guerre et aux
délibérations, parce que c'est toujours le parti le
plus timide qui prévaut. » (Frédéric le Grand.)*

On voit, par les annotations marginales de Guillaume, non seulement son empressement à rendre tout arrangement impossible à la Serbie, mais aussi son impatience de ce que l'Autriche ne parte pas encore en guerre.

Le 13 juillet, la lourde masse autrichienne s'ébranle enfin. Tschirschky rapporte (1) :

« Le Ministre (Berchtold) est *maintenant lui-même convaincu qu'une action très prompte s'impose*. Il espère s'entendre demain avec Tisza sur le texte qui doit être remis à la Serbie. Il le soumettra mercredi 15 juillet, à l'Empereur, à Ischl, et, ensuite, la remise pourrait avoir lieu immédiatement à Belgrade — c'est-à-dire avant le départ de Poincaré pour Pétersbourg. »

Car le hasard voulait que, précisément à ce moment, le Président de la République française fît visite au Tsar dans sa capitale. Avant le départ de Poincaré (qui eut lieu le 15 juillet au soir), la note devrait partir pour la Serbie.

Mais les Autrichiens n'allaient pas si vite. Dans l'intervalle, Berchtold et Guillaume triomphent, car Tisza s'est converti à leurs vues.

Tschirschky télégraphie le 14 juillet (2) :

> « Absolument secret.
>
> « Le comte Tisza est venu me voir aujourd'hui, après sa conversation avec le comte Berchtold. Le comte m'a dit qu'il avait été l'homme qui avait toujours conseillé la prudence, mais que chaque jour l'avait confirmé dans l'opinion *que la Monarchie devait en venir à des résolutions énergiques*, pour prouver sa vitalité et mettre fin à l'état de choses déplorable qui régnait dans le sud-est. Le langage de la presse serbe et des diplomates serbes est d'une arrogance tout à fait insupportable. « Il m'a été pénible, — m'a dit le « Ministre, — de conseiller la guerre ; « mais je suis maintenant fermement

assurément

____

(1) *Die deutschen Dokumente, etc.*, N° 40.
(2) *Ibid.*, N° 49.

« *convaincu de sa nécessité*, et je déploierai
« toutes mes forces pour la grandeur de
« la Monarchie ».

« Heureusement, il règne actuellement
entre les personnalités dirigeantes, *une
entente complète;* un *esprit de décision*
s'est manifesté. S. M. l'Empereur François-Joseph, ainsi que le rapporte le baron
Burian, qui Lui a encore parlé ces jours-ci,
à Ischl, apprécie la situation avec calme,
et Il tiendra jusqu'au bout. Le comte
Tisza ajoute que la position prise par
l'Allemagne, affirmant qu'elle se tiendrait
aux côtés de la Monarchie, avait exercé
la plus grande influence sur la ferme
attitude de l'Empereur.

« Le texte définitif de la note à adresser
à la Serbie, n'était pas encore arrêté. Il
le sera dimanche (1). En ce qui concerne
le moment de la remise à la Serbie, il a
été décidé aujourd'hui qu'il était préférable d'attendre le départ de Poincaré de
Pétersbourg, c'est-à-dire le 25. Mais alors,
aussitôt après l'expiration du délai assigné
à la Serbie, au cas où elle n'accepterait
pas sans réserve toutes les conditions, on
décrèterait la *mobilisation*. La note serait
rédigée de telle façon que son acceptation
serait, pour ainsi dire, *impossible* (2). Il
importait particulièrement, non seulement d'exiger des assurances et des promesses, *mais des actes*. Dans la rédaction
de la note, il faudrait aussi, à son avis,
tenir compte de ce fait qu'elle devait être
comprise du grand public, particulièrement en Angleterre, et mettre clairement
et distinctement les torts à la charge de
la Serbie.

quel dommage !

(1) 19 juillet.
(2) Souligné deux fois par Guillaume.

« Le baron *Conrad*, dans sa dernière
conversation, a fait sur lui une *très bonne
impression*. Il a parlé avec calme et avec
beaucoup de décision. Les jours qui vont
suivre, il faudra s'attendre, évidemment,
à ce que les gens se plaignent à nouveau
de notre irrésolution et de nos hésitations.
Mais cela importe peu, si l'on sait à Berlin
que ce n'est pas le cas.

« En me quittant, le comte Tisza me
serra cordialement la main et me dit :
« Nous allons maintenant attendre l'ave-
enfin, voilà un homme! « nir avec tranquillité et fermeté. »

On voit à quel point est insoutenable l'idée que Guillaume
aurait été le pauvre agneau offert en sacrifice par la perfidie
de Berchtold. Les deux alliés étaient dignes l'un de l'autre.

Tel maître, tels valets.

Le 18 juillet, le conseiller d'ambassade (1) prince zu Stol-
berg-Wernigerode informe de Vienne M. de Jagow, par la
lettre personnelle qui suit (2) :

« Hier, je me suis rendu chez Berchtold qui me dit que la
note en question doit être remise à Belgrade le 23 de ce
mois. Ainsi que je vous en ai informé hier, Berchtold espère
que les conditions autrichiennes, sur lesquelles il n'a pas
donné de détails, ne seront pas acceptées par la Serbie, mais
il n'en est pas tout à fait sûr, et, d'après ses déclarations
ainsi que d'après celles de Hoyos, j'ai l'impression que la
Serbie *peut* accepter les conditions. J'ai demandé ce qui se
passerait si, de cette façon, l'affaire tournait encore en queue
de poisson. Berchtold répondit qu'il faudrait exercer une
ingérence très étendue dans l'exécution pratique des différentes réclamations. Mais si l'on voulait vraiment en finir
avec la Serbie, ce qui, comme l'a, récemment, dans un discours, déclaré le comte Tisza, est indispensable, il serait
incompréhensible de ne pas formuler des exigences telles
qu'elles rendent une rupture inévitable. Si l'on néglige encore
l'occasion d'agir, et si l'on s'en tient à un soi-disant succès

(1) Alors à l'ambassade d'Allemagne à Vienne.
(2) *Die deutschen Dokumente, etc.*, No 87.

diplomatique, l'opinion qui règne ici, d'après laquelle la Monarchie n'est plus capable d'une action énergique, serait confirmée de façon regrettable. Les conséquences, à l'intérieur comme à l'extérieur, apparaissent clairement. »

Ces Messieurs de la diplomatie allemande à Vienne n'étaient donc pas parfaitement satisfaits de Berchtold en qui ils n'avaient pas une entière confiance. Non pas parce qu'il aurait poussé à la guerre et qu'ils désiraient l'en dissuader, mais parce qu'ils craignaient que la « Monarchie » ne soit plus capable d'une « action énergique », et que toute cette affaire, au lieu d'amener une guerre fraîche et joyeuse, se terminât par un succès diplomatique sans effusion de sang.

Malheureusement, les craintes que M. le conseiller d'ambassade allemand exprimait à M. le Secrétaire d'Etat allemand sur l'allié autrichien, étaient sans aucun fondement.

§ 2. — L'HÉSITATION DE L'AUTRICHE

Après que le Gouvernement allemand eût donné, le 5 juillet, son approbation à la guerre méditée par l'Autriche contre la Serbie, il souhaitait l'ouverture rapide de la campagne, tandis qu'il était difficile de faire abandonner à l'Autriche son allure modérée.

Cela était en contradiction complète avec les règles du militarisme prussien, qui attribue la plus grande valeur à la rapidité des mouvements. Mais cela menaçait aussi de gâter la procédure diplomatique préparée dans le but de mettre l'Europe en présence de faits accomplis avant qu'elle eût compris ce qui se tramait ; peut-être deviendrait-il difficile d'éviter une entente de la Serbie avec les puissances et des puissances entre elles. Mais de la stupéfaction et de la confusion qui s'ensuivraient, devait sortir la possibilité de pêcher en eau trouble, et le danger d'une action commune des puissances contre les frivoles perturbateurs, serait diminué.

Ceci explique le bref délai de 48 heures qu'on devait accorder aux Serbes pour répondre à la note.

Il paraissait donc dangereux de retarder son envoi, car chaque jour d'hésitation pouvait produire de nouveaux incidents, dévoiler les intentions des conjurés, et, par suite, les

rendre vaines. L'insistance allemande, après son assentiment
à la guerre, est donc bien compréhensible.

L'hésitation autrichienne ne se comprend pas si aisément.
Il faudrait l'attribuer en partie à la négligence invétérée de
ce pays, en partie peut-être aussi à la lenteur des préparatifs
de guerre, préparatifs qui avaient commencé en Autriche
immédiatement après les décisions de Potsdam. Déjà, le
12 juillet, Jagow avait télégraphié à Tschirschky (1) :

« Pour l'information strictement confidentielle du comte
Berchtold.

« D'après des renseignements secrets, la Russie et la Serbie
ont été confidentiellement informées que l'Autriche-Hongrie
renforçait discrètement ses garnisons sur les frontières serbe
et *russe*. »

Donc, non seulement à la frontière serbe, mais aussi à
celle de Russie, l'Autriche faisait déjà des préparatifs de
guerre.

Ceci prend une grande importance par suite des discussions
relatives aux différentes mobilisations. La mobilisation est
l'acte le plus important, le plus en vue, le dernier, des préparatifs de guerre, mais ce n'est pas le seul. Les mouvements
de troupes, la réunion et le transport du matériel de guerre,
le rappel des officiers en congé, la réquisition des moyens de
transport, etc., peuvent être faits avant le décret de mobilisation. Celle-ci sera plus rapide et plus effective si les
autres préparatifs sont déjà achevés. Les puissances centrales
lorsque, le 24 juillet, éclata la crise, pouvaient avoir, sous ce
rapport, pris une grande avance sur les autres, puisque, dès
le 5 juillet, elles comptaient sur la possibilité d'une guerre
avec la Russie.

Toutefois, l'Autriche allait peut-être plus lentement que les
hommes politiques allemands l'eussent voulu. Elle ne déclara
la guerre à la Russie que le 6 août, quoique, dès le 31 juillet,
elle eût ordonné la mobilisation générale. Il existait aussi
des dissensions entre les dirigeants d'Autriche et de Hongrie,
États qui constituaient si peu une entité que leurs hommes
politiques ne savaient pas les désigner sous un autre nom
que la « Monarchie ».

Déjà, le 5 juillet, Berchtold était allé chercher à Potsdam

(1) *Die deutschen Dokumente, etc.*, No 37.

la permission de faire la guerre à la Serbie, mais c'est le
14 juillet seulement que Tschirschky pouvait informer Berlin
que Budapest aussi donnait son assentiment complet. Et
c'est seulement alors que les Ministres de Vienne échangèrent des vues sur leurs intentions vis-à-vis de la Serbie. Il
est étrange que, jusqu'alors, on n'ait pas senti, à Berlin, le
besoin d'arriver à une claire compréhension des buts de la
guerre qu'on avait déjà approuvée et au déclenchement de
laquelle on poussait.

Le 17 juillet seulement, Jagow télégraphiait à Tschirschky (1) :

« Comme le sait Votre Excellence par le procès-verbal du
comte Hoyos résumant son entrevue avec le Sous-Secrétaire
d'État, le comte Hoyos a déclaré ici que l'Autriche devrait
complètement démembrer la Serbie.

« Le comte Berchtold et le comte Tisza ont fait remarquer
à ce sujet que ces déclarations ne reproduisent que les vues
personnelles du comte Hoyos, et ne s'y sont *pas* associés
expressément. Toutefois, ils ne se sont point étendus davantage sur leurs plans territoriaux.

« Pour le traitement diplomatique du conflit avec la Serbie,
il ne serait pas sans importance, à mon sens, de savoir immédiatement quelles sont les idées des hommes d'État austro-
hongrois sur la configuration territoriale future de la Serbie,
attendu que cette question peut exercer une grande influence
sur l'attitude de l'Italie et sur l'opinion publique et l'attitude
de l'Angleterre.

« On doit considérer comme allant de soi que les plans
des hommes d'État de la Monarchie danubienne peuvent être
influencés et modifiés par le cours des événements ; mais
l'on doit admettre que le Cabinet de Vienne s'est déjà fait
une idée générale des buts à atteindre, même sous le rapport
territorial. Je prie Votre Excellence d'essayer, dans une conversation avec le comte Berchtold, d'obtenir à ce sujet des
éclaircissements, mais en évitant de créer l'impression que
nous désirons entraver, d'avance, l'action autrichienne, ou
lui prescrire certaines limites ou certains buts. Nous aurions
toutefois intérêt à être renseignés dans une certaine mesure,
sur les résultats que l'on veut obtenir. »

(1) *Die deutschen Dokumente, etc.*, No 61.

Ce document est certainement fort curieux. Qu'on y réfléchisse : le 5 juillet, le Gouvernement allemand sanctionne
la guerre à la Serbie, sachant pertinemment qu'une guerre
générale peut en résulter. Depuis lors, il insiste pour une
entrée rapide en campagne, et le 17, le Secrétaire d'État des
Affaires étrangères demande timidement à Vienne, s'il ne
peut être « renseigné dans une certaine mesure sur les résultats que l'on veut obtenir » par la guerre.

Et il ne présente pas même cette demande afin d'être, par
la réponse, guidé dans ses propres décisions — après comme
avant l'Autriche a les mains libres — mais seulement pour
pouvoir traiter convenablement l'Italie et l'Angleterre sur le
terrain diplomatique.

Berlin ne reçut jamais de Vienne une réponse claire, par
la simple raison qu'à Vienne même, on ne savait pas bien
« les résultats que l'on voulait obtenir ». Les deux Empires
centraux déchaînaient la plus terrible de toutes les guerres,
sans avoir, dès le départ, la claire vision du but qu'ils voulaient atteindre.

La réponse de Vienne devait être donnée le 19 juillet dans
un Conseil commun des Ministres d'Autriche et de Hongrie,
réuni pour examiner « l'action diplomatique à entreprendre
vis-à-vis de la Serbie », et pour arrêter les buts de la guerre
qu'on était fermement résolu à faire. Dans cette séance, le
comte Tisza proposa qu'à l'action contre la Serbie ne soient
pas liés des plans de conquête. Il fallait se limiter à des rectifications de frontières, nécessitées par des raisons militaires.
Il demanda un vote unanime sur ce point. Comme Magyar,
il ne désirait pas l'augmentation du nombre des Serbes dans
la Monarchie. Le comte Berchtold fut d'un autre avis.

Il dit qu'il ne pouvait se rallier à cette opinion sans une
certaine réserve. Lui aussi était d'avis que l'Autriche-Hongrie
ne devait pas annexer de territoires serbes, mais il pensait
que des *territoires aussi importants que possible* devaient
être alloués à la Bulgarie, à la Grèce, à l'Albanie, et, éventuellement aussi, à la Roumanie. La Serbie devait être
réduite, de façon « à cesser d'être dangereuse ». Mais la
situation dans la péninsule balkanique pourrait subir des
changements. Il se pourrait « qu'à la fin de la guerre, il ne
fût plus possible pour nous d'annexer quoi que ce soit. »

On voit que les vues développées le 5 juillet par le comte

Hoyos n'étaient pas seulement ses vues personnelles, mais également celles du comte Berchtold.

Mais le comte Tisza n'admettait pas les réserves du comte Berchtold. Le comte de Stürgkh (1) opina que, même si l'occupation était exclue de certaines parties du territoire serbe, la sécurité pouvait être garantie par la *déposition* de la dynastie, par une *convention militaire,* ou d'autres mesures convenables. Puisque le Ministre de la Guerre se montrait disposé à approuver la limitation de l'annexion à des rectifications stratégiques de frontières et à l'occupation permanente d'une tête de pont sur la Save, le Conseil des Ministres décida à l'unanimité :

« Qu'immédiatement au début de la guerre, on déclarerait aux puissances étrangères que la Monarchie ne faisait pas une *guerre de conquête* et qu'elle ne méditait pas l'incorporation du Royaume. Naturellement, les rectifications de frontières stratégiquement nécessaires, l'amoindrissement de la Serbie en faveur d'autres États, ainsi que les occupations passagères de territoires serbes qui, éventuellement, deviendraient nécessaires, ne pouvaient être exclues par cette déclaration ». (2)

De ce programme, on ne communiqua aux puissances, par précaution, que la première phrase, « la Monarchie ne fait pas une guerre de conquête ». On ne livra pas à la publicité les phrases suivantes, qui contenaient, en réalité, le programme désavoué du comte Hoyos, mais n'excluaient pas non plus la réserve du comte Berchtold, si finement indiquée par lui dans les mots qu' « à la fin de la guerre il ne serait, peut-être, plus possible pour nous, d'annexer quoi que ce soit ».

Tisza, chose curieuse, était complètement d'accord avec ce règlement, qui avait pour but, non pas la *conquête,* mais bien *l'anéantissement* de la Serbie.

C'étaient donc là « les résultats que l'on voulait obtenir », dans la pensée des gouvernants autrichiens.

Les résultats que l'on obtenait réellement avaient été antérieurement exposés, le 16 juillet, au Chancelier de l'Empire, par le prince Lichnowsky, dans un exposé remarquable, dont voici le texte complet.

(1) Président du Conseil des Ministres d'Autriche, en 1914.
(2) *Livre rouge autrichien de 1919,* pages 65-67.

Lichnowsky écrivait (1) :

« Du point de vue du comte Berchtold, on comprend parfaitement qu'il espère relever sa position, fortement ébranlée par la paix de Bucarest, et accroître l'influence de la Monarchie dans les Balkans, diminuée par la défection de la Roumanie, — en utilisant l'occasion relativement favorable qu'offre le moment présent, pour une rencontre en armes avec les Serbes. Les autorités militaires d'Autriche, on le sait, ont tenté, déjà depuis longtemps, de consolider par une guerre, l'autorité de la Monarchie. Une fois, c'était l'Italie dont il s'agissait de corriger l'irrédentisme ; une autre fois, c'était la Serbie qu'il fallait contraindre par des exploits guerriers « à la prince Eugène », à l'abandon de ses pratiques et à des mœurs plus civilisées. Je comprends, comme je l'ai dit, ce point de vue des dirigeants autrichiens, et, dans leur position, j'aurai peut-être déjà plus tôt, utilisé les intrigues serbes pour résoudre la question yougo-slave dans le sens des Habsbourg.

« La première condition pour une semblable politique, devrait être un programme clair, basé sur la reconnaissance que la situation actuelle du droit de l'État et du droit des gens dans la famille des peuples serbo-croates, — qui relègue une partie de cette nation, divisée seulement par la religion, mais non par la race, à l'Autriche, une autre partie à l'État hongrois, une troisième à la Double-Monarchie, une quatrième et une cinquième enfin étant attribuées à des royaumes indépendants, — n'est pas, à la longue, soutenable. Car le désir de maintenir, en toutes circonstances, pour des raisons de commodité, le *statu quo* sacré, a déjà souvent amené, notamment lors de la crise balkanique, l'écroulement complet du château de cartes politique, construit sur ces bases.

« Mais je doute maintenant qu'il ait été établi à Vienne un projet important qui, seul, aurait pu être la base d'un règlement durable de la question yougo-slave, je veux parler d'un trialisme avec inclusion de la Serbie. D'après ma connaissance de la situation à Vienne, je ne crois pas non plus qu'on y soit en mesure de mettre à jour une telle transformation organique de la Monarchie. Car il faudrait, pour cela, vaincre, avant tout, la résistance de la Hongrie, qui s'opposerait, de

(1) *Die deutschen Dokumente, etc.*, N° 62.

toutes ses forces, à une cession de la Croatie et de Fiume. Il manque aussi à Vienne une personnalité puissante, qualifiée pour exécuter un tel programme. On y cherche plutôt à satisfaire les besoins de l'heure présente, et on est heureux quand les difficultés politiques continuelles, puisqu'elles découlent de la composition hétérogène de l'Empire, sont aplanies, de façon à permettre d'aller de l'avant durant quelques mois.

« Un châtiment militaire de la Serbie n'aurait donc jamais pour but ou pour résultat, une solution satisfaisante de la question yougo-slave qui est si difficile, mais, dans le cas le plus favorable, il réussirait seulement à mettre de nouveau en mouvement la question orientale qu'on vient d'accommoder avec tant de peine, pour donner une satisfaction morale à l'Autriche.

« Si la Russie et la Roumanie assistent en spectatrices indifférentes, laissant les mains libres à l'Autriche, Votre Excellence sera mieux en position de juger que moi. D'après mes impressions, surtout d'après mes conversations confidentielles avec Sir Edward Grey, je crois que les opinions que j'ai récemment exposées à Berlin sur les intentions de la Russie à notre égard, étaient fondées. Sir Edward Grey m'assure qu'on ne pense pas en Russie à nous faire la guerre. Mon cousin, le comte Benckendorff (1), me dit de pareilles choses. Un certain courant anti-allemand se manifesterait de temps à autre en Russie ; il serait dû au sentiment slave. Mais il existerait toujours un fort parti pro-allemand. Ni l'Empereur, ni aucune des personnes dirigeantes, ne seraient anti-allemands, et, depuis l'arrangement de la question Liman, il n'y aurait pas eu de désaccord sérieux. Par contre, le comte Benckendorff admettait ouvertement qu'un fort courant anti-autrichien existait en Russie. Mais personne ne songeait à conquérir une partie quelconque de l'Autriche, la Galicie, par exemple.

« Je ne suis pas en mesure de juger si, en présence de ce sentiment, il serait possible d'amener le Gouvernement russe à rester passif devant la campagne austro-serbe. Mais je crois pouvoir dire avec certitude, qu'on ne réussira pas, en cas de guerre, à influencer contre la Serbie, l'opinion publique anglaise, même en évoquant les ombres sanglantes de Draga

(1) Ambassadeur de Russie à Londres en 1914.

et de son amant, dont l'assassinat est, ici, déjà oublié par le
public, et rangé, en conséquence, parmi les événements historiques, — avec lesquels, en tant qu'ils concernent des pays
non-britanniques, on est moins familiarisé, en général, qu'un
lycéen des classes inférieures le serait, en moyenne, chez
nous.

« Maintenant, je suis très éloigné de vouloir sacrifier notre
alliance ou notre allié. Je crois l'alliance nécessaire ; elle a
pris sa place dans la vie des deux Empires, et, eu égard aux
nombreux Allemands résidant en Autriche, je la considère
comme la forme naturelle de leur liaison avec nous. La question qui se pose pour moi est donc celle-ci : nous convient-il
de donner notre appui à notre allié ; de garantir une politique que je considère comme une politique d'aventures, car
elle n'amènera ni une solution radicale du problème, ni la
destruction du mouvement panserbe ? Si la police impériale
et royale et les autorités du pays de Bosnie ont conduit le
prince héritier par une « allée de lanceurs de bombes », je
n'y puis voir de raison suffisante pour risquer les os du célè-
bre grenadier poméranien, en soutenant la politique des pan-
dours autrichiens, et dans le seul but de renforcer la vitalité
de l'Autriche qui, comme l'ère d'Æhrenthal l'a démontré,
se propose pour tâche suprême, l'émancipation de la tutelle
de Berlin.

« Mais, si, réellement, notre attitude politique était dictée
par l'idée qu'après le « coup de grâce » donné au mouvement
panserbe, l'Autriche, heureuse, libérée de ce soin, témoigne-
rait de la gratitude pour l'appui donné, il est une question
que je ne voudrais pas éluder : après l'écrasement de la révolution hongroise avec l'aide de l'Empereur Nicolas, et les
nombreuses pendaisons qui eurent lieu alors ; après la soumission des Hongrois, en 1849, à Vilagos, sous la direction
suprême du général impérial Haynau, le mouvement national
en Hongrie a-t-il été supprimé, et l'acte de sauvetage du
Tsar a-t-il fondé des relations intimes et confiantes entre les
deux Empires ? »

Voilà ce qu'écrivait Lichnowsky le 16 juillet. Ses avertis-
sements eurent naturellement le succès habituel des doléances
de Cassandre. Ils restèrent complètement incompris.

Entre temps, le départ de Poincaré avait eu lieu pour Pétersbourg, sans que la note destinée à la Serbie eût été expédiée.

On décida alors, comme nous l'avons déjà vu, d'en ajourner la remise jusqu'à la fin de son séjour. Tschirschky écrit à ce sujet le 14 juillet (1) :

dommage !

« Après que le comte Tisza m'eût quitté, le comte Berchtold m'invita à venir le voir pour me communiquer les résultats de la discussion d'aujourd'hui. A sa grande joie, *l'unanimité* s'était faite sur la *teneur de la note* à adresser à la Serbie. Le comte Tisza s'était associé aux vues du Ministre d'une façon très heureuse, et il avait même, sur beaucoup de points, accentué la sévérité de la note. Toutefois, sous le rapport technique, on avait constaté l'impossibilité de remettre la note à Belgrade, le 16 ou le 18...

« On a décidé, à l'unanimité, dans la discussion d'aujourd'hui, qu'il était à recommander d'attendre le départ de M. Poincaré de Russie avant de faire la démarche à Belgrade, car il faudrait, autant que possible, éviter qu'à Saint-Pétersbourg, dans l'excitation du champagne, et sous l'influence de MM. Poincaré, Iswolsky et des Grands Ducs, on célébrât une fraternisation qui pourrait alors influencer et peut-être fixer l'attitude des deux puissances. Il serait bon, également, que les toasts fussent prononcés avant la remise de la note. On pourrait alors y procéder le 25 juillet.

« Le comte Berchtold m'a prié expressément et à diverses reprises, comme l'avait déjà fait le comte Tisza, de ne laisser aucun doute à mon Gouvernement que la présence de Poincaré à Saint-Pétersbourg était l'unique motif du délai dans la remise de la note à Belgrade, et

(1) *Die deutschen Dokumente, etc.*, N° 49.

> que l'on pouvait être parfaitement sûr à
> Berlin qu'il *n'était pas question ici d'une
> hésitation ou d'une indécision...* »

Ces assurances continuelles de la volonté de guerre de
Vienne, sur qui Berlin pouvait compter, sont très remarquables.

Aussi, au Conseil des ministres de Vienne, du 19 juillet,
Berchtold déclarait qu'il était contre tout atermoiement inutile, « parce qu'on commençait *à être nerveux à Berlin* et
que des indiscrétions avaient déjà filtré à Rome, de sorte
qu'il ne répondait pas des incidents qui pourraient survenir,
si l'affaire était encore ajournée. Conrad von Hötzendorf
insistait pour qu'on se pressât. Le Ministre de la Guerre
déclarait que tout était prêt pour la mobilisation. »

On voulait donc remettre la note le plus tôt possible, mais
pas avant le départ de Russie du Président de la République
française. Il est savoureux de voir avec quel soin on étudie,
maintenant, son itinéraire, et comment l'un des deux conjurés
communique à l'autre ses observations sur les mouvements
du voyageur, qui lui, ne se doutait de rien.

Le 17 juillet, on communique de Vienne que la note sera
remise dès le 23 juillet, — Poincaré devant quitter Pétersbourg ce même jour. Mais l'heure même de ce départ devait
avoir son importance.

Le 21 juillet, l'État-major de la marine fait savoir à Jagow,
que le départ de Cronstadt était fixé au 23, à 10 heures du
soir (1). Le même jour, Jagow télégraphie à l'Ambassadeur
à Pétersbourg la question :

« A quelle heure est prévu pour jeudi le départ de Cronstadt du Président? » (2)

Le 22, Jagow télégraphie à Vienne :

« J'ai demandé au comte Pourtalès le programme de la
visite de Poincaré. Il m'annonce que le Président partira de
Cronstadt jeudi soir, à 11 heures, c'est-à-dire à neuf heures
et demie, d'après l'heure de l'Europe centrale. Si la démarche
est faite à Belgrade demain, après-midi, à cinq heures, elle

---

(1) *Die deutschen Dokumente, etc.*, N° 96.
(2) *Ibid.*, N° 93.

sera connue à Pétersbourg pendant la présence de Poincaré. » (1)

Tschirschky répondait le 23 :

« Le Gouvernement impérial et royal vous remercie chaleureusement de votre information. Le baron Giesl a été invité à retarder la remise d'une heure. » (2)

C'est ainsi que la note fut remise le 23, à six heures du soir.

On voit quels soucis tracassaient les ministres autrichiens et allemands, avant le déclenchement de la guerre mondiale.

§ 3. — UN FAUX CALCUL

On avait eu l'intention de frapper à l'improviste, afin de mettre l'Europe, avant qu'elle comprît bien ce qui arrivait, en présence du fait accompli devant lequel elle s'inclinerait plus aisément. On espérait, en précipitant la déclaration de guerre, maintenir la paix mondiale.

C'était une politique pacifique d'une nature particulière ; néanmoins, le Livre blanc allemand de juin 1919 n'hésite pas à affirmer de nouveau que le Gouvernement impérial de 1914 était animé d'intentions pacifiques. Elles résulteraient de ce fait qu'il tenait compte de la *possibilité* d'une guerre avec la *Russie*, mais n'entrevoyait pas la *probabilité* d'une guerre *générale*.

Il espérait même que la Russie se laisserait encore intimider, comme lors des crises balkaniques antérieures, lorsqu'elle avait été placée, par surprise, devant un fait accompli, — et qu'il n'avait pas cédé. Quant au reste, on se fiait à la chance.

Le 28 juillet, le baron Beyens écrivait de Berlin :

« A Vienne, comme à Berlin, on était convaincu que, malgré les assurances officielles tout récemment échangées entre le Tsar et Poincaré, sur l'armement complet des armées de la Double Alliance, la Russie n'était pas en mesure d'entreprendre une guerre européenne, et qu'elle n'oserait pas se précipiter dans une aventure aussi terrible. La situation

(1) *Die deutschen Dokumente, etc.*, N° 112.
(2) *Ibid.*, N° 127.

inquiétante à l'intérieur, les machinations révolutionnaires, l'armement incomplet, les voies de communication inachevées, — toutes ces raisons forceraient le gouvernement russe à assister, impuissant, à l'exécution de la Serbie. On avait cette même opinion dédaigneuse, sinon de l'armée française, du moins de l'esprit qui domine dans les sphères gouvernementales de la France...

« L'opinion que la Russie n'était pas capable de faire une guerre européenne, ne prédominait pas seulement au sein du Gouvernement impérial, mais aussi chez les industriels allemands qui ont la spécialité des fournitures de guerre. Le plus compétent d'entre eux, pour citer un exemple, M. Krupp von Bohlen, assura à un de mes collègues que l'artillerie russe serait loin d'être bonne et complète, tandis que celle de l'Allemagne n'avait jamais été meilleure. Il ajouta qu'il serait fou pour la Russie, de déclarer, dans ces conditions, la guerre à l'Allemagne. »

Cette communication de Beyens est confirmée, d'une part, par le rapport de Szögyeny (cité plus haut) relatif à sa conversation du 5 juillet avec Guillaume, et, d'autre part, par ce que raconte Tirpitz, le 6 juillet, dans ses *Mémoires* :

« D'après les explications données par lui (l'Empereur Guillaume) à mon remplaçant, au matin du 6 juillet, dans le parc du Nouveau Palais, à Potsdam, l'Empereur ne considérait pas comme probable l'intervention de la Russie pour couvrir la Serbie, parce que le Tsar ne protègerait pas les régicides, et parce que la Russie était, en ce moment, incapable *militairement* et *financièrement*, de faire la guerre. L'Empereur ajouta, un peu nerveusement, que la France mettrait un frein aux récriminations de la Russie, à cause de la position défavorable des finances françaises et de son manque d'artillerie lourde. De l'Angleterre, l'Empereur ne parla point. On ne pensait pas même à des complications avec cet État. » (P. 209).

Dans une lettre à Lichnowsky datée du 18 juillet, Jagow manifestait le même optimisme :

« Plus l'Autriche se montrera résolue, plus nous la soutiendrons énergiquement, et plus la Russie restera tranquille. Quelques criailleries ne manqueront pas de se faire entendre à Pétersbourg, mais, au fond, la Russie n'est pas prête à se battre en ce moment. La France et l'Angleterre ne désireront pas non plus la guerre à cette heure. Dans quelques années, la Russie, selon tous les avis compétents, sera prête à la lutte. Alors, ayant construit sa flotte de la Baltique et ses chemins de fer stratégiques, elle nous écrasera par le nombre de ses soldats. Entre temps, notre groupe s'affaiblit de plus en plus. On le sait bien en Russie, et on veut absolument encore quelques années de repos. Je crois volontiers ce que dit votre cousin Benckendorff, que la Russie ne veut pas de guerre contre nous en ce moment. Sazonow assure la même chose. Mais le Gouvernement russe qui est encore aujourd'hui pacifique et quelque peu ami des Allemands, devient toujours plus faible, les sentiments du slavisme, toujours plus hostiles... Je ne veux pas de guerre préventive. Mais, si la lutte s'offre, nous ne devons pas prendre la clef des champs. » (1)

Jagow ne croyait donc pas que la Russie pouvait faire la guerre à ce moment, ni qu'elle la ferait. Il ne voulait pas non plus d'une guerre préventive à tout prix. Mais, si l'occasion s'en présentait, c'était vraiment une aubaine pour l'Empire allemand et ses alliés.

C'était là une opinion répandue à cette époque, non seulement en Autriche, mais aussi en Allemagne. Dès le début de la guerre, M. Paul Rohrbach, un pangermaniste éminent, familiarisé avec la mentalité de l'État-Major allemand, déclarait :

« Pour nous, c'est-à-dire pour l'Allemagne et l'Autriche-Hongrie, le souci principal était, cette fois, qu'une reculade passagère et apparente de la Russie pût nous contraindre moralement *à attendre que la Russie et la France fussent réellement prêtes.* » (2)

Il est significatif que ces milieux saluaient la guerre, lorsqu'elle éclata, non pas avec angoisse et regret, comme une terrible catastrophe, mais avec joie, comme une délivrance.

Le 7 juin 1915, le Roi de Bavière racontait :

« La déclaration de guerre de la Russie avait été suivie par celle de la France (3), et quand, à leur suite, les Anglais étaient tombés sur nous, j'ai dit :

(1) *Die deutschen Dokumente, etc.,* N° 72.

(2) *Der Krieg und die deutsche Politik,* Dresde, pages 82 et 83.

(3) Textuel : « *Auf die Kriegserklärung Russlands folgte die Frankreichs.* » Voir à ce sujet l'appréciation de l'auteur, chapitre XXI.

« *Je m'en réjouis*, et je *m'en réjouis pour cette raison, que*
« *nous pouvons maintenant régler nos comptes avec nos*
« *ennemis*, et parce qu'enfin, nous pourrons obtenir un dé-
« bouché direct du Rhin à la mer. »

Tel était l'amour de la paix des régents allemands, au
début de la guerre. Certainement, tous n'avaient pas l'absurdité et la légèreté de désirer la guerre. Les hommes placés
à la tête des Affaires étrangères, la « risqueraient » bien,
mais ils espéraient pourtant que cela se passerait encore
comme en 1909 et en 1913, où la Russie avait reculé par
suite de la défectuosité de son armement. Ils ne prenaient
pas en considération que l'Empire russe serait, cette fois,
exposé à une épreuve particulièrement difficile : celle d'évacuer, sans coup férir, toutes ses positions politiques dans les
Balkans, et de les livrer complètement à l'Autriche.

Cependant, en agissant à l'improviste, sans laisser à la
Russie le temps de s'entendre avec ses amis, il était très
facile de la forcer « pacifiquement » à s'incliner. Mais si,
contre toute attente, elle offrait de la résistance, on avait
alors aussi les meilleures chances militaires, si on ne laissait
pas à l'adversaire le temps de se préparer.

§ 4. — L'ASSOUPISSEMENT DE L'EUROPE

En tout cas, l'opinion publique devait être endormie jusqu'au moment de se mettre en campagne. Ce n'était pas
chose simple. On voulait calmer l'étranger, mais en même
temps créer un sentiment guerrier dans la population intérieure, ce qui était absolument nécessaire, si on ne voulait
pas être paralysé dès le début. D'un autre côté, ni l'un ni
l'autre des deux alliés ne paraît s'être vraiment fié à l'autre.
Chacun d'eux flairait de la « faiblesse » chez l'autre, lorsque
la presse ne se livrait pas à d'énergiques excitations.

Quelques explications édifiantes en résultèrent.

Ainsi, le 18 juillet, Jagow télégraphie à Tschirschky :

« La *Gazette de l'Allemagne du Nord* fera, demain, sur
le conflit austro-serbe, des remarques qui, par égard pour la
diplomatie européenne, sont, à dessein, rédigées sous une
forme très modérée. Cette feuille officieuse ne veut pas jeter

l'alarme à l'avance. Je vous prie de veiller à ce qu'on ne considère pas, à tort, que l'Allemagne entend se dégager de la résolution montrée à Vienne. » (1)

Déjà, auparavant, le 15 juillet, Berchtold avait fait observer à Szögyeny, à Berlin :

« Ce retard, qui, pour nous non plus, n'est pas désirable, permet aussi d'expliquer sans difficulté l'attitude de notre presse officieuse.

« Il faut, quant à présent, d'une part, empêcher que l'opinion publique de la Monarchie, favorable à notre politique, se relâche, et, de l'autre, ne pas permettre que, par un langage systématiquement exagéré de notre presse, et de nature à rendre la situation plus tendue, une pensée de médiation puisse surgir chez d'autres puissances. » (2)

Au règlement du langage de la presse, s'ajoutaient encore d'autres moyens soporifiques. En premier lieu, les déplacements des chefs militaires. Nous avons déjà vu que le Ministre de la Guerre et le Chef d'Etat-Major général, en Autriche, avaient été envoyés en congé, expressément dans le but d'induire l'Europe en erreur.

Guillaume observe, à ce sujet, que c'était enfantin. On ne comprend pas bien cette remarque, car lui aussi était parti en congé à cette époque.

Il nous faut revenir ici sur les mystérieuses conférences tenues par Guillaume, avant son départ, dans le plus grand secret, afin de ne pas jeter prématurément l'alarme. Ce caractère rigoureusement secret est prouvé par les derniers mots de la note de Bussche d'août 1917 : « De source absolument sûre. » Il ne s'agissait pas, on le voit, d'un fait généralement connu des milieux gouvernementaux, mais seulement de quelques hommes de confiance.

Si le public avait appris quoi que ce fût d'un conseil de guerre, la mèche eût été immédiatement éventée ; tout le monde aurait su ce qui avait été ourdi dans ces consultations. Le secret absolu dont furent entourées ces entrevues, était aussi nécessaire, que l'avait été, par suite du départ du souverain pour la Mer du Nord, la consultation des militaires aussitôt après la conférence de l'Empereur avec Bethmann-Hollweg.

_____

(1) *Die deutschen Dokumente, etc.*, N° 70.
(2) *Livre rouge autrichien*, 1919.

Ce voyage avait été projeté auparavant. Un retard aurait pu créer des soupçons. Il fut donc utilisé comme un moyen de bercer l'Europe pour l'endormir dans sa sécurité. Comment pouvait-on se douter du caractère sérieux de la situation lorsque l'Empereur allemand, avec sa flotte, entreprenait, dans le nord, un voyage d'agrément?

Il partit le 7 et ne rentra que le 27. Naturellement, en haute mer, il fut mis en communication permanente avec Berlin. Le dessein d'endormir l'Europe fit éclore, çà et là, quelques fleurs étranges. Ainsi, le 11 juillet, le comte Wedel, de la suite de l'Empereur, télégraphie de Bergen :

« Sa Majesté, à qui on a soumis le télégramme habituel de félicitations, rédigé par le Ministre des Affaires Étrangères, pour l'anniversaire de la naissance du Roi de Serbie qui a lieu demain, m'a ordonné de demander à Votre Excellence si un pareil télégramme, dans les circonstances actuelles, est nécessaire et n'offre pas d'inconvénient. » (1)

A quoi Jagow répond :

« Comme Vienne n'a pas encore entrepris de démarche à Belgrade, l'omission du télégramme habituel ferait trop sensation et pourrait provoquer éventuellement des inquiétudes prématurées.

« Je suis, par conséquent, d'avis de l'envoyer. » (2)

Ainsi, on suppliait le ciel, de la manière la plus fervente, de répandre toutes ses grâces sur le cher cousin, — qu'on déclarait être, d'autre part, un scélérat sanguinaire — avant de le frapper du poignard dans le dos.

Si intéressant que pût être le voyage d'agrément, avant le début de la grande tuerie, Guillaume devenait nerveux à mesure que la décision approchait. Le Chancelier de l'Empire désirait le tenir à l'écart aussi longtemps que possible, afin que l'Europe se tînt tranquille et ne flairât pas l'affaire. Guillaume, par contre, commençait à craindre que la mèche allumée provoquât une explosion hâtive, et qu'alors sa flotte soit à la merci des Anglais sur les côtes de Norvège, ou que la Russie ait, dès le début de la guerre, les mains libres dans la Baltique. Il tenait à un prompt retour.

Le 18 juillet, Jagow avait demandé au comte Wedel des

---

(1) *Die deutschen Dokumente, etc.*, No 3o a.
(2) *Ibid.*, No 32 a.

indications précises sur la route suivie par le « Hohenzollern »
et ajouté :

« Comme nous désirons localiser le conflit éventuel entre
l'Autriche et la Serbie, il ne faut pas alarmer le monde par le
retour prématuré de Sa Majesté. Mais, d'autre part, il faut
pouvoir l'atteindre au cas où des événements qu'on ne peut
prévoir devraient nécessiter de notre part des décisions
importantes (mobilisation), et, éventuellement, il faudrait
penser à une croisière dans la Baltique pour les derniers
jours du voyage. » (1)

Le 19 juillet, Guillaume ordonnait que la flotte restât
réunie jusqu'au 25, afin de « pouvoir rapidement exécuter
l'ordre qui serait donné pour la fin du voyage ».

Bethmann–Hollweg, qui, en ce temps de crise, séjournait
à Hohenfinow, au lieu d'être à Berlin (pour tranquilliser,
sans doute aussi, les nerfs de l'Europe ?) télégraphiait, le 21,
au Département des Affaires étrangères :

« L'ordre de Sa Majesté de maintenir la flotte concentrée
jusqu'au 25, me fait craindre que, si l'ultimatum est rejeté,
des mouvements de flotte puissent être prématurément
ordonnés par Balholm (où se trouvait l'Empereur). D'autre
part, en cas de crise, un mauvais emplacement de la flotte
pourrait offrir de graves dangers... » (2)

Pour ces raisons, Bethmann-Hollweg demandait l'opinion
de l'Etat-Major de l'Amirauté. Celui-ci répondit, le 22 juillet,
qu'en cas de déclaration de guerre de l'Angleterre, il « fallait
s'attendre à ce que notre flotte soit certainement attaquée par
la flotte anglaise. » (3)

Jagow télégraphiait au Chancelier d'une manière rassu-
rante que l'Angleterre était tout à fait pacifique et que
sa flotte, concentrée pour des manœuvres, se séparerait
le 27. (4)

Le 23, le Chancelier de l'Empire télégraphie au comte
Wedel que la note autrichienne serait remise « cet après-
midi » et que l'ultimatum expirait le 25. L'Allemagne dirait
d'abord que toute cette affaire ne la concernait en rien.

(1) *Die deutschen Dokumente, etc.*, N° 67.
(2) *Ibid.*, N° 101.
(3) *Ibid.*, N° 111.
(4) *Ibid.*, N° 115.

« L'intervention d'autres puissances nous entraînerait dans le conflit. Il n'est pas à supposer que cela se produise immédiatement, c'est-à-dire que l'Angleterre se décide tout de suite à intervenir. A lui seul, le voyage du Président Poincaré, qui quitte ce soir Cronstadt et visite Stockholm le 25, Copenhague le 27, Christiania le 29, et n'arrive à Dunkerque que le 31, retarderait toute résolution.

« La flotte anglaise, d'après des communications de l'Etat-Major de l'Amirauté, se sépare le 27 et rentre dans ses ports. Un rappel prématuré de notre flotte pourrait provoquer des inquiétudes générales et paraître suspect en Angleterre. » (1)

Mais Guillaume n'avait pas confiance en la paix. Aussi donne-t-il, le 25, à la flotte, l'ordre de se tenir prête à rentrer. Bethmann conjure l'Empereur d'attendre encore. L'Empereur se fâche. Voici le texte du télégramme du Chancelier impérial, avec les annotations marginales de Guillaume :

« Le Chef d'Etat-Major de la Marine m'informe que Votre Majesté, *tenant compte d'un télégramme de Wolff,* a donné à la flotte l'ordre de se préparer rapidement à rentrer dans ses ports. Il se peut que, dans l'intervalle, l'amiral de Pohl ait soumis à Votre Majesté les renseignements de notre attaché naval à Londres et de l'homme de confiance de la marine à Portsmouth, d'après lesquels la marine anglaise ne prend aucune mesure *extraordinaire*, et les dislocations prévues s'effectuent conformément au plan primitif.

« Comme les informations reçues jusqu'ici de l'Ambas-

Annotations marginales de Guillaume :

inouï !

Prétention incroyable ! L'idée ne m'en était même pas venue !! Après que mon Ministre m'a annoncé la mobilisation à Belgrade ! Celle-ci peut entraîner la mobilisation de la Russie, qui aura pour conséquence celle de l'Autriche ! Dans ce cas, il faut que je concentre mes forces sur terre et sur mer. Dans la Baltique il n'y a pas un seul navire de guerre !! Je n'ai pas l'habitude, du reste, de prendre mes mesures militaires d'après un télégramme de Wolff, mais en tenant

elle n'en a pas besoin ! Elle est prête, prête à la guerre, comme la Revue vient de le montrer, et elle a mobilisé !

____

(1) *Die deutschen Dokumente, etc.,* N° 125.

compte de la situation générale et c'est ce que le Chancelier civil (1) n'a pas encore pu comprendre !

« ...sadeur de Votre Majesté à Londres permettent de constater que Sir E. Grey, tout au moins provisoirement, ne pense pas à une participation directe de l'Angleterre à une guerre européenne et veut agir le plus possible en faveur de la localisation du conflit austro-serbe, j'ose me permettre, avec la plus humble soumission, de prier Votre Majesté, de vouloir bien ne pas ordonner, pour le moment, un retour prématuré de la flotte. » (2)

si la Russie mobilise, ma flotte doit être dans la Baltique; donc elle doit rentrer !

Le 26 juillet, Bethmann-Hollweg conjure une fois encore son impérial maître « de rester provisoirement en Norvège, ce qui faciliterait à l'Angleterre une intervention à Pétersbourg, où on hésite évidemment. » Guillaume observe :

« *Où voit-on cela* (l'hésitation de Pétersbourg)? *Il n'y en a pas trace dans les documents que l'on m'a soumis.* »

Et, au désir exprimé qu'il reste en Norvège, il répond ce qui suit :

« *Il y a une flotte russe! Dans la Baltique, il y a déjà cinq flottilles de torpilleurs russes en manœuvres qui, tous ou en partie, peuvent, en seize heures, se trouver devant les Belts et les barrer. Port-Arthur devrait être une leçon! Ma flotte a l'ordre de se rendre à Kiel et c'est là qu'elle va!* » (3).

On voit que Guillaume comptait, après la remise de l'ultimatum à la Serbie, sur le déclenchement instantané de la guerre mondiale. Il rentre donc rapidement, en dépit de Bethmann-Hollweg. Sa participation active à la politique de

(1) « Civil » souligné par l'Empereur.
(2) *Die deutschen Dokumente, etc.*, No 182.
(3) *Ibid.*, No 221.

guerre débute par des invectives à son « très humble chancelier », qu'il traite comme un cireur de bottes, comme un individu qui n'a pas encore compris la situation générale. L'arrogance militaire se figure pouvoir manifester au Chancelier un mépris spécial, en l'appelant « Chancelier *civil* » qui n'a pas la moindre influence sur les mesures militaires.

Mais ce télégramme démontre non seulement le servilisme de Bethmann-Hollweg, qui se conduit moins en *Chancelier* qu'en *serviteur*, mais aussi la myopie et la finasserie naïve de sa politique qui s'imaginait tromper les Anglais sur le caractère dangereux de l'ultimatum autrichien, au moins pendant quelques jours, en laissant l'Empereur d'Allemagne sur les côtes de Norvège.

Du reste, il se trompait également dans ses spéculations sur le voyage de Poincaré. Il avait espéré que ce voyage retarderait toutes les décisions de l'Entente, et laisserait à l'Autriche les mains libres contre la Serbie jusqu'au-delà du 31 juillet. Mais Poincaré, en présence de la gravité de la situation, fut, et avec raison, aussi pressé de rentrer que Guillaume. Il contremanda ses visites et arriva en France dès le 29 juillet.

Avec un zèle égal, l'Autriche avait, par sa politique, essayé d'endormir l'Europe. Mais les diplomates autrichiens s'y prenaient d'une façon plus maladroite. Ils se heurtèrent aussi, dès l'abord, à une méfiance plus grande. Depuis qu'avaient été dévoilés leurs artifices de faussaires contre la Serbie, leur réputation de véracité était à un cours presque aussi bas que la monnaie autrichienne de nos jours. Ils faisaient honneur à cette réputation en donnant les assurances les plus tranquillisantes sur leurs intentions conciliatrices dès avant la remise de leur ultimatum, rédigé, à dessein, en termes si brutaux, qu'il paraissait inacceptable.

L'Ambassadeur de France à Vienne, Dumaine, rapporte, le 26 juillet :

« M. Schebeko (1) est revenu précipitamment d'un voyage en Russie ; il ne l'avait entrepris qu'après l'assurance donnée par le comte Berchtold que les réclamations contre la Serbie seraient *des plus acceptables.* » (2).

(1) Ambassadeur de Russie à Vienne en 1914.
(2) *Livre jaune français*, 1914, N° 55.

Le 23 juillet, le Ministre des Affaires étrangères par intérim, à Paris, M. Bienvenu-Martin, communique aux Ambassadeurs français :

« En réponse à une question que lui posait M. Dumaine, à qui j'avais prescrit d'appeler l'attention du Gouvernement autrichien sur les inquiétudes éveillées en Europe, le baron Macchio (1) a affirmé à notre Ambassadeur que le ton et les demandes qui seront formulés dans la note autrichienne *permettent de compter sur un dénouement pacifique...* Je ne sais quelle foi il faut accorder à ces assurances *en raison des habitudes de la Chancellerie impériale.* » (2).

En aucun pays, les habitudes de la diplomatie ne se signalent par une candeur excessive. Mais une perfidie à vue si courte, qui affirme aujourd'hui ce dont elle devra, elle-même, admettre le lendemain le caractère mensonger, présuppose non seulement une impudence, mais aussi une stupidité, qui, malgré Oxenstiern, est exceptionnelle.

Après une pareille préparation de l'opinion publique, l'ultimatum fut remis à la Serbie le 23 juillet au soir.

(1) Chef de section au Ministère des Affaires étrangères d'Autriche-Hongrie en 1914.

(2) *Livre jaune français,* 1914, N° 20.

CHAPITRE XII

L'ULTIMATUM A LA SERBIE

§ 1. — LA REMISE DE LA NOTE

Le 23 juillet, la note autrichienne fut remise à Belgrade. C'était, en réalité, un ultimatum exigeant, dans les 48 heures, l'acceptation sans conditions, des demandes faites par l'Autriche. Le Ministre d'Autriche-Hongrie à Belgrade, le chevalier von Giesl, l'appelait, en effet, « ultimatum » dans un télégramme adressé à Vienne le 23, mais il fut informé que ce n'était qu'une « démarche à terme fixé », puisque son rejet ne serait pas immédiatement suivi de la déclaration de guerre, mais seulement de la rupture des relations diplomatiques.

Par de mesquines finesses de ce genre, les pseudo-sages qui gouvernaient au Ballplatz espéraient conserver en Europe, quelques jours encore, l'apparence de sentiments pacifiques.

Le 24, la note allait être remise aux puissances; le 25, la Serbie devait y répondre. Cette hâte inconvenante avait été mise à dessein, après de si longues hésitations, pour rendre impossible toute consultation de la Serbie avec les puissances et de celles-ci entre elles, et exclure, par là, toute possibilité d'intervention.

L'Allemagne s'empressa d'assurer tout le monde et ses propres représentants à l'étranger, qu'elle n'avait pas eu connaissance de la note, qu'elle n'avait pas exercé la moindre influence sur sa rédaction, et qu'elle était surprise au même degré que les autres puissances.

Ainsi, Jagow télégraphie au Ministre d'Allemagne à Stockholm, le 23 juillet, à deux heures de l'après-midi :

« *Selon toute vraisemblance*, l'Autriche-Hongrie, qui se sent menacée dans son existence par l'agitation panserbe, doit poser des conditions très sérieuses à Belgrade. *Elles ne nous sont pas connues.* Nous les considérons comme une affaire intérieure de l'Autriche-Hongrie dans laquelle nous n'avons pas à nous immiscer. » (1).

Aux Ambassadeurs à Paris, Londres et Pétersbourg, Zimmermann télégraphie le 24 juillet :

« Ici, dans les cercles diplomatiques, est répandue l'opinion que nous avons excité l'Autriche-Hongrie à adresser une note sévère à la Serbie et que nous avons pris part à sa rédaction. Le bruit semble avoir été lancé par Cambon. Je vous prie de le démentir en cas de besoin. *Nous n'avons eu aucune espèce d'influence sur le texte de la note, et nous avons eu aussi peu que les autres puissances l'occasion de prendre position, de quelque manière que ce fût, avant sa publication.* » (2).

Dans cette instruction édifiante, une seule chose est vraie, c'est que Cambon, en effet, avait flairé la mèche dès le début.

Il rapporte, le 24 juillet, sur une conversation avec Jagow :

« ...Je lui ai demandé alors si vraiment le Cabinet de Berlin avait totalement ignoré les exigences autrichiennes avant qu'elles fussent communiquées à Belgrade, et, comme il me l'affirmait, je lui ai manifesté ma surprise de le voir ainsi s'engager à soutenir des prétentions dont il ignorait la limite et la portée. « C'est bien, m'a dit M. de Jagow, en « m'interrompant, parce que nous causons entre nous per- « sonnellement que je vous laisse me dire cela. » (3).

Jagow, vertueusement indigné, donna la même assurance au chargé d'affaires britannique, Sir Horace Rumboldt qui rapporte à Londres le 25 juillet :

« Le Secrétaire d'État répète très sérieusement que, quoiqu'il ait été accusé d'avoir eu connaissance de tout le contenu de la note, il n'avait effectivement pas eu cette connaissance. » (4).

(1) *Die deutschen Dokumente, etc.*, No 123.
(2) *Ibid.*, No 153.
(3) *Livre jaune français*, 1914, No 30.
(4) *Livre bleu anglais*, 1914, No 8.

Au sujet de cette conversation, Cambon rapporta le même jour :

« Le chargé d'affaires d'Angleterre s'est également enquis auprès de M. de Jagow, comme je l'avais fait hier, si l'Allemagne n'avait eu aucune connaissance de la note autrichienne avant qu'elle fût lancée, et a reçu une réponse si nettement négative qu'il ne pouvait insister; mais il n'a pu s'empêcher de s'étonner du blanc-seing donné par l'Allemagne à l'Autriche. » (1)

Sir Horace Rumboldt à qui ces assurances furent données alors, était le même personnage dont les remarques sur « le caractère habituellement mensonger du Gouvernement allemand » sont citées par le Livre blanc de juin 1919, ainsi que nous l'avons déjà fait remarquer. Peut-être est-il arrivé à cette conception à la fin de juillet 1914.

Si le Ministère des Affaires étrangères de Berlin affirmait qu'il n'avait « exercé aucune influence sur le contenu de la note autrichienne, et qu'il avait eu aussi peu que les autres puissances l'occasion de prendre position de quelque manière que ce fût avant sa publication » (c'est-à-dire avant le 24 juillet), il est clair, d'après ce qui a déjà été exposé ici, qu'il avançait une contre-vérité manifeste.

Le Gouvernement allemand avait su exactement que la note serait rédigée de telle manière qu'aucun État qui se respectait ne pouvait l'accepter. Il avait non seulement connu cette intention de l'Autriche, mais il l'avait approuvée et encouragée.

Plus tard, le Ministère des Affaires étrangères s'est exprimé plus prudemment à ce sujet. Il a seulement nié avoir connu le texte littéral. Ce texte, on ne l'aurait pas connu plus tôt que les autres puissances ; donc, après la remise à Belgrade.

Cette échappatoire ne tient même pas debout.

Déjà le 21 juillet, Tschirschky recevait un exemplaire de la note. Il ne la télégraphiait pas à Berlin, peut-être pour ne pas mettre en danger le secret du chiffre.

Il envoya ce document par une lettre qui arriva au Ministère des Affaires étrangères seulement dans l'après-midi du 22 juillet. Mais les autres puissances ne devaient en avoir communication que le 24. Si donc l'on ne considère pas le

_____

(1) *Livre jaune français*, 1914, N° 41.

contenu de la note, mais seulement sa rédaction finale, il est faux que l'Allemagne ne l'ait pas connue plus tôt que les autres grandes puissances.

M. le docteur Gooss se voit obligé d'admettre ce fait gênant; mais il cherche à se rattraper, ou plutôt à rattraper le gouvernement de Bethmann-Hollweg, par l'assertion que le texte de la note ne pouvait arriver à la connaissance du Ministère des Affaires étrangères à Berlin « qu'à un moment où il n'était plus possible d'agir sur le Cabinet de Vienne par une consultation et en vue de propositions nouvelles. »

M. de Jagow raconte dans son livre sur l'origine de la guerre mondiale, que le comte Szögyeny arriva chez lui le soir du 22 juillet entre sept et huit heures, et lui apporta le texte de l'ultimatum.

« Après la visite du comte Szögyeny, une copie de l'ultimatum, arrivé dans l'intervalle, de la part de notre Ambassadeur à Vienne, me fut également remise. » (P. 110).

Ce délai est certainement surprenant. L'ultimatum avait donc besoin de plus de vingt-quatre heures pour aller de Vienne à Berlin. Mais, même dans ce cas, il serait arrivé à temps pour empêcher la remise à Belgrade, si on l'avait désiré. Jagow affirme qu'il aurait immédiatement déclaré que la note était « extrêmement rigoureuse et dépassait la mesure. » Le Chancelier de l'Empire aurait été du même avis.

« Le comte Szögyeny répliqua qu'il n'y avait plus rien à faire, car l'ultimatum était déjà envoyé à Belgrade et devait y être remis le lendemain matin. »

Ceci dit, le Chancelier de l'Empire et le Ministre étaient tranquillisés.

Dans une note relative à ce récit, Jagow observe en passant :

« Ici, l'Ambassadeur doit s'être trompé — s'il n'y a pas eu d'hésitation à Vienne quant au moment de la remise : car, en réalité, l'ultimatum ne fut remis que le soir à six heures. »

Cela semble vouloir dire que Jagow aurait été trompé par Szögyeny sur l'heure de la remise de l'ultimatum. Il se serait certainement élevé contre la remise d'une pareille note, s'il avait su qu'elle n'aurait lieu qu'à six heures du soir et non le matin.

Mais ne le savait-il pas? Nous avons vu (page 78) avec

quelle diligence, Jagow s'efforçait de connaître l'heure à laquelle, le soir du 23, Poincaré quitterait Pétersbourg. Et il avait, télégraphiquement, fait à Vienne, le soir du 22, une communication à ce sujet, laquelle avait eu pour effet de différer la remise de cinq à six heures du soir. Il souhaiterait, maintenant, nous persuader qu'il n'en avait rien su et qu'il croyait que la note à la Serbie serait remise dès le lendemain matin.

Le 11 août 1917, le Secrétaire d'État Zimmermann, écrit au Sous-Secrétaire d'État von dem Bussche :

« Cher Bussche,

« L'indication des *Evening News* est matériellement exacte en ceci que nous avons, en effet, reçu l'ultimatum serbe environ douze heures avant sa remise. Mais je n'ai gardé aucun souvenir d'en avoir dit un mot à un diplomate américain. *On peut donc publier un démenti.* Mais, quant à l'opportunité de ce démenti, eu égard au fait que notre connaissance ne pourra rester à tout jamais cachée, c'est une autre question. Meilleures salutations. »

« Votre Zimmermann. » (1)

Mais pourquoi cet acharnement à nier toute connaissance d'une note dont le contenu et le texte même furent plus tard défendus avec tant d'énergie ?

On jouait, à dessein, un faux jeu à multiples rôles. Le 20 juillet, les divers Ambassadeurs d'Autriche-Hongrie avaient reçu la note, avec ordre de la remettre, le 24 juillet, aux Gouvernements auprès desquels ils étaient accrédités.

Le comte Szögyeny se permit d'observer, à cette occasion, qu'on devrait faire une exception en faveur de l'Allemagne. Berchtold lui avait répondu le 22 juillet :

« L'ordre en question n'a qu'une importance formelle vis-à-vis de l'Allemagne. La remise *officielle* de notre note doit avoir lieu à Berlin dans les mêmes modalités qu'aux autres puissances. *Très confidentiellement*, nous avons, dès hier, communiqué ladite note à M. de Tschirschky. Elle a, sans doute, déjà été communiquée à Berlin par M. l'Ambassadeur. » (2)

Donc, à cet égard également, on mentait à l'Europe.

(1) *Die deutschen Dokumente, etc*, *Anhang VII.*
(2) *Livre rouge autrichien*, 1919.

§ 2. — LA LOCALISATION DE LA GUERRE

Le Gouvernement allemand avait de très bonnes raisons pour ne pas permettre qu'on se doutât qu'il avait eu connaissance de l'ultimatum autrichien, et qu'il avait conspiré avec l'Autriche.

Il avait, comme nous l'avons vu, approuvé, le 5 juillet, la guerre à la Serbie. Il était même disposé à « risquer » une guerre contre la Russie et la France, — mais il ne voulait pas davantage. Il comptait sur la coopération de l'Italie et la neutralité de l'Angleterre. Il avait aussi besoin, pour entrer en guerre, de l'enthousiasme de son propre peuple. Or, il savait à n'en pas douter que celui-ci, dans sa grande majorité, était très pacifique, et qu'il se trouverait en présence de l'opposition la plus décidée, dès qu'on apprendrait que l'action autrichienne contre la Serbie était non seulement connue de l'Empereur et de ses Ministres, mais avait aussi été approuvée et appuyée par eux. Cette action serait menacée dès l'abord.

Aussitôt après la publication de l'ultimatum, le comité directeur de la social-démocratie allemande fit un manifeste (25 juillet) où il est dit :

« La furie guerrière, déchaînée par l'impérialisme autrichien, se prépare à répandre la mort et la ruine sur toute l'Europe. Si nous condamnons les menées des nationalistes panserbes, la provocation du Gouvernement austro-hongrois exige les protestations les plus véhémentes. Ses demandes sont d'une brutalité telle qu'il n'en a jamais été fait de semblables à un État indépendant. Elles ne peuvent avoir été calculées qu'avec l'intention *de provoquer directement à la guerre.*

« Le prolétariat conscient d'Allemagne, au nom de l'humanité et de la civilisation, élève une ardente protestation contre *les menées criminelles des fauteurs de guerre.* Il exige impérieusement que le Gouvernement exerce son influence sur l'Autriche pour le maintien de la paix. »

Si le prolétariat allemand avait eu la moindre idée de ce qui se passait, s'il avait su que les « menées criminelles des fauteurs de guerre » étaient un jeu arrangé entre Vienne et Berlin, il n'aurait pas été assez naïf pour demander au Gou-

vernement d'agir sur celui d'Autriche en vue du maintien de
la paix ; il se serait tourné unanimement contre les Gouvernements allemand et autrichien, et de grandes masses, même
non prolétariennes, du peuple, se seraient rangées à sa suite.
En face d'une telle résolution, le Gouvernement allemand
n'aurait pas eu la possibilité de déchaîner une grande guerre.
La social-démocratie pouvait sauver la paix du monde. Elle
aurait, et le peuple allemand avec elle, gagné considérablement en prestige par une défaite infligée au Gouvernement
belliqueux.

Celui-ci, pour éviter cette opposition, n'avait qu'un moyen :
c'était de tenir soigneusement secrètes sa complicité et sa
connaissance de la note à la Serbie. La nécessité ne s'en
imposait pas moins, si l'on voulait gagner l'aide de l'Italie et
la neutralité de l'Angleterre.

Ces deux puissances, comme, du reste, le monde entier,
se tournèrent immédiatement contre l'Autriche. Il s'agissait
donc, pour l'Allemagne, de jouer le rôle du voisin pacifique
pris au dépourvu, et appelé, par sa loyauté à l'alliance, aux
côtés de la nation amie, dont les énormes embarras avaient
été dévoilés par le vil attentat de Sarajevo, — mais disposé à
agir en médiateur et à maintenir la paix. Si elle n'aboutissait
qu'à un conflit avec la Russie, laquelle n'est jamais rassasiée,
qu'importait ? Le meilleur homme, comme chacun sait, ne
peut vivre en paix, si cela déplaît à un méchant voisin.

Par malheur, l'Allemagne s'obstinait à maintenir la paix
d'une façon toute particulière. Elle insistait sur la *localisation* du conflit. Pouvait-il y avoir quelque chose de plus raisonnable ? Il fallait faire des efforts pour que le conflit demeurât localisé et ne prît pas de plus amples dimensions.

Dans le rapport, en date du 18 juillet, de la Légation de
Bavière à Berlin, publié par Eisner, il est dit :

(« Dans l'intérêt de la *localisation* de la guerre, la Direction de l'Empire commencera une action diplomatique auprès
des grandes puissances, aussitôt après la remise de la note
autrichienne à Belgrade.)

« S'appuyant sur le fait que l'Empereur est en voyage dans
le Nord et que le chef du grand État-Major et le Ministre de
la Guerre de Prusse sont en congé, elle prétendra avoir été
surprise par l'action de l'Autriche, exactement au même
degré que les autres puissances.

« (Elle s'efforcera d'obtenir l'adhésion des puissances à ce point de vue que le différend existant entre l'Autriche et la Serbie est une affaire concernant seulement ces deux Etats). » (1)

Les passages entre parenthèses ne se trouvent pas dans la publication d'Eisner. Ils sont au nombre de ceux dont l'omission a fait accuser Eisner d'avoir dénaturé la tendance du rapport dans un sens défavorable à l'Allemagne. Cela ne peut être soutenu que si l'on s'imagine qu'un effort destiné à localiser la guerre eût été efficace pour le maintien de la paix générale. En réalité, il pouvait seulement aboutir à la perturbation et au sabotage de toute action pacifique. L'assertion que la destruction de la Serbie par l'Autriche concernerait seulement ces deux Etats, signifiait simplement : l'Autriche seule aurait désormais voix dans les Balkans. Elle impliquait que la Russie consentirait de son propre chef à être éliminée de la péninsule et s'avouerait vaincue, sans même avoir tiré un coup de canon.

Cette façon de localiser la guerre mettait la Russie devant cette alternative : ou se soumettre, ou déclarer la guerre à l'Autriche.

La tentative de localisation du conflit était donc le vrai moyen de forcer directement la Russie à la guerre. La « localisation » du conflit devait amener l'intervention de l'Europe, soit par une Cour d'arbitrage, soit par l'entremise des grandes puissances non directement engagées. La seule chance pour que la guerre, de locale ne devienne pas générale, résidait dans cette européanisation du problème. Mais elle n'offrait pas à l'Autriche, il est vrai, la perspective qu'on lui laisserait les mains libres pour l'écrasement militaire de la Serbie. Et c'est pourquoi il fallait insister avec la plus grande énergie sur la dangereuse méthode de la localisation. Cette méthode était, comme dans la crise de l'annexion de 1909, une nouvelle spéculation sur la faiblesse de la Russie et sur les dispositions paisibles de l'Angleterre et de la France. Le rapport bavarois continue ainsi, en effet :

« M. Zimmermann suppose que l'Angleterre, de même que la France, peu désireuses de faire la guerre en ce moment, agiront sur la Russie dans un sens pacifique ; il pense que,

____

(1) *Die deutschen Dokumente*, etc. *Anlage IV*, N° 2.

le bluff étant un instrument favori de la politique russe, le
Russe aime bien menacer du glaive, mais ne tient pas, au
moment décisif, à dégaîner pour le compte des autres. »

Mais, si les choses se passaient autrement, l'effort de
« localisation » de la guerre offrait toujours de grands avantages. Il ne pouvait échouer qu'en présence des réclamations
de la Russie ; l'Allemagne paraissait donc, aux yeux du
monde, ou tout au moins à ceux de son propre peuple, être
la puissance qui avait voulu la paix, — mais qui s'était
heurtée à la résistance de la Russie. On essaya alors de
faire, de cette puissance, le perturbateur de la paix.

La tentative de localisation de la guerre devint une raison
nouvelle de demander le secret le plus absolu sur l'entente
entre l'Allemagne et l'Autriche. Car il est clair que l'Allemagne ne pouvait pas déclarer que tout le conflit ne regardait que l'Autriche et la Serbie à l'exclusion de toute autre
puissance, s'il était démontré qu'elle avait elle-même énergiquement coopéré à la préparation de ce conflit.

Nous voyons donc que l'Allemagne et l'Autriche avaient
toutes les raisons possibles de cacher leur coopération, depuis
le 5 juillet, jour où l'on avait pris des décisions à Potsdam,
jusqu'au 23 juillet, date de la remise de l'ultimatum à Belgrade.

§ 3. — SABOTAGE DES EFFORTS FAITS EN VUE

DU MAINTIEN DE LA PAIX

Il n'était pas facile, en même temps, de paraître sérieusement inquiet sur le maintien de la paix, d'assurer à l'Autriche « sa » guerre contre la Serbie, et de « localiser » celle-
ci, c'est-à-dire de mettre la Russie devant l'alternative ou de
déclarer la guerre à l'Autriche ou de se soumettre à elle sans
coup férir.

Il s'agissait, avant tout, d'empêcher que les puissances en
vinssent à examiner la situation et à s'entendre, et de les
placer toujours devant de nouveaux faits accomplis, avant
qu'une intervention pût avoir lieu.

Le soir du 23 juillet, le Ministre d'Autriche avait remis à
Belgrade la note de son Gouvernement. Le lendemain seule-

ment, elle avait été transmise aux Gouvernements de France, d'Angleterre, d'Italie et de Russie. Le 25, on avait déjà demandé la réponse de la Serbie. Paschitsch, (1) néanmoins, avait donné cette réponse à l'heure fixée. C'était un document complet, qui, contre toute attente, contenait, quant à l'essentiel, l'acquiescement à toutes les demandes du Gouvernement autrichien, quelle que fût leur sévérité inouïe.

Qu'en pensait l'Autriche ? On mandait officiellement de Vienne :

« Le président du Conseil Paschitsch s'était présenté quelques minutes avant *six* heures à la Légation impériale et royale de Belgrade et avait remis une réponse non satisfaisante à la note austro-hongroise. En conséquence, le baron Giesl lui avait notifié la rupture des relations diplomatiques et avait quitté Belgrade avec le personnel de la Légation à six heures trente minutes. »

Trente minutes complètes après la remise de la note, la Légation autrichienne était donc déjà en route pour Vienne. Le baron Giesl avait annoncé la rupture des relations diplomatiques avant d'avoir pu, non seulement examiner, mais même lire la réponse serbe.

Tandis que Vienne était si pressée d'arriver, avant que l'Europe comprît ce qui se passait, à la guerre désirée avec la Serbie, Berlin ne montrait pas la moindre hâte pour permettre à l'Europe de connaître ce qu'il pensait de ces événements.

Le 27 juillet, M. de Jagow avait le courage de dire à l'Ambassadeur de France à Berlin *qu'il n'avait pas encore trouvé le temps* de lire la réponse serbe. (2)

Il n'était pas facile, pour les grandes puissances, de s'orienter, en présence de cette manière de procéder. Mais, si elles avaient peu de temps pour se concerter, une chose apparaissait, avant tout, évidente : la paix du monde serait menacée au plus haut point, si la guerre éclatait entre l'Autriche et la Serbie. Plus l'Autriche excitait à la guerre (et, avec elle, l'Allemagne, ce que nul ne savait encore), plus la Russie, la France et l'Angleterre s'efforçaient à l'empêcher. Non pas parce que leurs Gouvernements étaient de purs

(1) Président du Conseil des Ministres de Serbie en 1914.
(2) *Livre jaune français*, 1914, N° 74.

anges de la paix, mais parce que la Russie et la France
étaient insuffisamment préparées à une campagne armée.
Quant à l'Angleterre, elle était entravée par ses difficultés
irlandaises. Jusque-là, les Empires centraux avaient donc
fait un calcul exact. Les puissances avaient donc toutes con-
venu aisément, d'une part, de chercher à obtenir une prolongation du terme fixé, pour la réponse à l'Autriche, afin
d'avoir le temps de négocier, et, d'autre part, de conseiller à
la Serbie de céder. Aussi bien la France que l'Italie, l'Angleterre que la Russie elle-même, toutes s'y efforçaient, autant
que le bref délai le leur permettait.

Avec l'adhésion tacite de l'Allemagne, l'Autriche se refusait à toute prolongation. Mais la réponse de la Serbie,
comme nous l'avons déjà observé, était très conciliante.
Néanmoins, l'Autriche, le 25, rompait les relations diplomatiques, commençait à mobiliser, et déclarait la guerre le
28 juillet. Le 29, elle bombardait Belgrade. Chacun de ces
actes était une nouvelle provocation qui augmentait l'excitation générale et les difficultés de toute solution pacifique. Sans
hésitation, l'Autriche n'en continuait pas moins son chemin,
avec l'appui de l'Allemagne qui, en même temps, ne cessait
d'affirmer ses sentiments pacifiques.

L'Autriche déclinait toutes les propositions de médiation
qui lui étaient faites et dont aucune n'émanait de l'Allemagne. Celle-ci se contentait, ou de transmettre simplement
les propositions des autres puissances ou de les rejeter de
prime abord, comme étant incompatibles avec la dignité de
l'Autriche. Les questions les plus urgentes elles-mêmes, ne
suscitaient, de sa part, aucune proposition utile, alors que
l'Angleterre et la Russie se surpassaient en efforts pour
trouver une issue à cette situation désespérée, que le prince
Lichnowsky avait du reste, bien caractérisée en disant :

« Un regard de Berlin aurait naturellement suffi pour décider le comte Berchtold à se contenter d'un succès diplomatique et à être apaisé par la réponse serbe. Mais ceci n'eut
pas lieu ; bien au contraire ; on poussait à la guerre. Le succès aurait été trop beau !...

« L'impression grandissait toujours de plus en plus que
nous voulions la guerre à tout prix. Sans cela, notre attitude
dans une question qui ne nous touchait pas directement serait demeurée incompréhensible. Les prières pressantes et

les déclarations précises de M. Sazonow, plus tard les télégrammes vraiment humiliés du Tsar, les propositions réitérées de Sir Edward Grey, les avertissements du marquis de San Giuliano et de M. Bollati, mes conseils urgents, rien n'aboutissait ; on était d'avis, à Berlin, que la Serbie devait être massacrée. » (PP. 29,30).

On pouvait vraiment appeler « humiliés » les télégrammes du Tsar. Il y suppliait vraiment qu'on lui épargnât l'alternative terrible entre la guerre et la soumission sans conditions, qu'il craignait l'une et l'autre au même titre, parce que, l'une et l'autre, le menaçaient de la catastrophe et de la ruine.

Mais, précisément à cause de ces télégrammes humiliés, ne pouvait-on s'attendre, en restant ferme, à voir, de nouveau, comme en 1909, et cette fois plus sûrement encore, la Russie forcée à s'agenouiller devant l'adversaire ?

Ainsi, tout semblait se passer selon le désir des puissances centrales.

Guillaume se montrait encore très arrogant et très agressif pendant ces jours troublés.

Ce qu'il pensait de la note autrichienne, avant d'avoir lu la réponse serbe, se voit dans ses notes marginales à un télégramme de Belgrade du 24 juillet, dont il prit connaissance le 25. Il y est dit :

« Le ton énergique et les demandes précises de la note autrichienne étaient complètement inattendus du Gouvernement serbe. »

Guillaume :

« *Bravo ! On n'en aurait pas cru les Viennois capables.* »

Le télégramme continue :

« Depuis ce matin, le Conseil des Ministres est en séance sous la présidence du prince héritier. »

Guillaume :

« *Il paraît que Sa Majesté s'est éclipsée !* »

Le haut Seigneur allemand ne se doutait pas que bien d'autres Majestés « s'éclipseraient », et de façon toute différente.

Télégramme :

« Mais le Conseil des Ministres ne peut pas arriver à prendre une décision. »

Guillaume :

« *Les fiers Slaves !* »

A la fin du télégramme, il ajoute :

« Comme toute cette soi-disant grande puissance serbe se montre creuse. Tous les États slaves ont cette conformation. Il faut marcher ferme sur les pieds de cette crapule ! » (1).

Voilà le langage de l'Empereur de la paix à la veille immédiate de la guerre. Loin d'être choqué des brusques procédés autrichiens, il blâmait la moindre concession apparente et jusqu'aux gestes de politesse de l'allié.

Le 24 juillet, Tschirschky télégraphiait de Vienne :

« Pour convaincre la Russie de ses bonnes dispositions, le comte Berchtold a mandé, cet après-midi, le chargé d'affaires russe. » (2).

En regard de cette phrase, Guillaume note (26 juillet) :

« Absolument superflu ! Cela provoquera une impression de faiblesse et d'excuse, ce qui est tout à fait un tort vis-à-vis de la Russie et doit être évité. L'Autriche a de bonnes raisons ; elle a fait une démarche en conséquence ; elle ne peut la voir mettre, pour ainsi dire, en discussion ! »

Tschirschky fait encore dire à Berchtold :

« L'Autriche ne demandera pas de territoire serbe. »

Cela fait s'exclamer Guillaume :

« Quel âne ! Elle doit reprendre le Sandjak, sinon les Serbes arriveront à l'Adriatique. »

Berchtold :

« L'Autriche est très éloignée de vouloir provoquer un déplacement de l'équilibre des puissances dans les Balkans. »

Guillaume :

« Ce déplacement va de soi et doit arriver. L'Autriche doit devenir prépondérante dans les Balkans à l'égard des petites puissances et aux dépens de la Russie ; autrement, il n'y aura jamais de repos. »

(1 *Die deutschen Dokumente, etc.*, N° 159.
(2) *Ibid.*, N° 155.

A la fin du rapport, il note :

« *Faible.* »

Il supportait avec impatience l'obligation où il était de se contenir, au moins extérieurement, comme le demandait le rôle attribué à l'Allemagne.

Le 26 juillet, Guillaume étant sur le point de rentrer de voyage, Bethmann-Hollweg lui télégraphie :

« Si la Russie se prépare à un conflit avec l'Autriche, l'Angleterre se propose d'apporter sa médiation et espère l'appui de la France. Tant que la Russie ne se livrera à aucun acte d'hostilité, je crois que notre attitude, dirigée en vue de la *localisation* du conflit, doit rester expectante. Le général de Moltke est revenu aujourd'hui de Carlsbad et partage cette manière de voir. » (1).

Après le mot « localisation », Guillaume met un point d'exclamation, et, en face des mots « rester expectante », il remarque sarcastiquement :

« *La tranquillité est le premier devoir civique ! Encore la tranquillité, toujours la tranquillité ! ! ! Une mobilisation tranquille est quelque chose de nouveau.* »

Quand la mobilisation devint une réalité, le sarcasme de Guillaume s'évapora.

Une dépêche du comte Szögyeny, en date du 25 juillet, adressée à Vienne, s'accorde admirablement avec ce qui précède :

« Ici, on suppose généralement que la réponse éventuellement négative de la Serbie, sera suivie *immédiatement de notre déclaration de guerre*, combinée avec des opérations belliqueuses. On voit dans chaque recul du commencement des opérations, un grand danger relativement à l'immixtion possible des autres puissances. On vous conseille *de la manière la plus urgente de procéder immédiatement* et de mettre le monde devant un fait accompli. » (2).

On désirait donc exercer la pression la plus énergique, afin de frapper au plus vite.

(1) *Die deutschen Dokumente, etc.*, N° 197.
(2) *Livre rouge autrichien*, 1919.

MM. les professeurs Hans Delbrück, Max Weber et Mendelssohn-Bartholdy, et le comte Montgelas dans leur relation de l'origine de la guerre (1) donnent, de ce télégramme, une interprétation beaucoup plus modérée. Ils disent :

« Le télégramme de l'Ambassadeur d'Autriche-Hongrie, comte Szögyeny, du 25 juillet 1914, qui insiste sur le commencement rapide des opérations militaires, *dans le cas d'une déclaration de guerre*, se tient dans le cadre de la conception déjà discutée, à savoir qu'une limitation locale de la lutte, par conséquent une liquidation rapide du conflit, était le meilleur moyen d'éviter l'extension de la conflagration. » (P. 39).

Or, le télégramme dont il s'agit, demande, dans les termes les plus nets, *la déclaration de guerre immédiate*, combinée avec des opérations belliqueuses. Le commentaire de ces quatre messieurs transforme cela, sans en avoir l'air, en une demande d'opérations belliqueuses immédiate *pour le cas d'une déclaration de guerre !* Et la proposition de mettre le monde devant un fait accompli, devient un désir de « liquidation rapide de cette lutte ».

Il faut une bonne volonté incroyable pour donner une pareille interprétation à ce télégramme. On la trouvera difficilement ailleurs qu'en Allemagne. On voulait dépouiller de son contenu gênant le télégramme du comte Szögyeny du 25 juillet, par une interprétation très libre. Cet expédient ne peut être appliqué à une seconde dépêche, en date du 27 juillet, du même diplomate.

Ces deux télégrammes, étant tombés entre les mains de la « Commission des Gouvernements alliés et associés pour la recherche de la responsabilité des auteurs de la guerre et des sanctions à infliger », furent publiés dans son rapport qui donne une esquisse aussi courte que correcte quant à l'essentiel des origines de la guerre.

Le Gouvernement allemand pouvait y répondre par une publication des documents du Ministère des Affaires étrangères, relative aux auteurs de la guerre, ou bien il pouvait se taire. Il n'adopta ni l'une ni l'autre attitude, mais il chargea les quatre messieurs susmentionnés, d'opposer, en leur qualité d' « Allemands indépendants » une critique au

____

(1) *Livre blanc allemand*, juin 1919.

rapport de la Commission. Nous venons de voir, par la manière dont ils manipulèrent l'un des télégrammes de Szögyeny, d'après quelles méthodes ils travaillaient. On aurait peut-être mieux fait de charger des « Indépendants allemands », et non pas des « Allemands indépendants », de rédiger ce rapport (1).

Ces derniers interprètent de même manière, le second télégramme, en date du 27 juillet, adressé à Berchtold et dont voici le texte :

« Le Ministre me déclara très énergiquement et d'une façon confidentielle qu'éventuellement des propositions de médiation de l'Angleterre seraient portées par le Gouvernement allemand à la connaissance de Votre Excellence.

« Le Gouvernement allemand affirme d'une façon péremptoire qu'il ne s'identifie aucunement avec ces propositions, qu'il est même nettement opposé à leur prise en considération, et ne les transmet que pour donner suite à la demande anglaise. »

Cette dépêche est certainement d'une extrême gravité. Il fallait que les quatre Allemands, indépendants avant tout, examinassent si elle était d'accord avec la politique faite par l'Allemagne jusqu'au 27 juillet. Elle nous rappelle le télégramme de Jagow, en date du 18 juillet, où celui-ci dit que le langage modéré de la *Gazette de l'Allemagne du Nord* n'est destiné qu'à égarer la « diplomatie européenne » et ne doit point influencer Berchtold. Les quatre historiens ont préféré procéder d'autre façon :

« La commission s'est adressée à l'ancien Chancelier de l'Empire de Bethmann-Hollweg, et au Secrétaire d'État de Jagow, qui, l'un et l'autre, ont été d'accord pour répondre qu'il était impossible que ce rapport fût correct. Nous considérons les communications de ces deux hommes comme dignes de foi. »

On peut se demander si les assurances des accusés suffisent, à elles seules, à inspirer au reste de l'humanité confiance en leur innocence. C'est précisément la crédibilité de ces deux hommes qui est mise en question par le témoignage

---

(1) Jeu de mots faisant allusion au parti socialiste indépendant auquel appartient l'auteur et dont les membres sont habituellement désignés par l'appellation d' « indépendants ». (Note du traducteur).

d'une personnalité qui ne leur est point hostile, et avait tout intérêt à rapporter la vérité sur leur compte, et qui, immédiatement après la conversation avec Jagow, écrivit son rapport dans la forme la plus précise. Et cela à diverses reprises. Le passage que nous venons de citer se trouve placé au commencement du rapport. En voici la fin :

« En conclusion, le Secrétaire d'État parla encore de son attitude et me pria, pour prévenir tout malentendu, d'assurer à Votre Excellence que, par son intervention dans le cas en question, il ne prenait absolument pas parti *en faveur de la demande anglaise*. »

Un témoignage si précis ne peut être rejeté sans plus, sur la simple remarque des accusés « qu'il était impossible que ce rapport fut correct ».

Mais on vint alors à l'appui de la commission de sauvetage. Au moment propice, le docteur Gooss lui tendait la planche de salut ; la commission se sentit, dès lors, autorisée à déclarer indigne de foi le témoignage si précis de Szögyeny parce qu'*il avait vieilli plus que l'indiquait son âge*. » (P. 39).

Ceci n'est pas un sauvetage véritable de l'honneur du régime déchu.

Considérons la situation à cette époque. Les Gouvernements allemand et autrichien préparaient une guerre d'où pouvaient dépendre la vie ou la mort des deux États. Il fallait donc mettre les meilleures forces aux meilleurs endroits. Il était urgent, avant tout, d'éviter le moindre malentendu entre les deux Gouvernements alliés ; il fallait que chacun d'eux fût exactement informé des intentions de l'autre. L'Ambassadeur d'Autriche à Berlin était le lien entre les deux États ; de sa prudence, de sa précision et de son exactitude, dépendait la vie de peuples et de gouvernements. De deux choses l'une : ou le comte Szögyeny était vraiment l'imbécile sénile qu'il est maintenant déclaré avoir été par les thuriféraires de Guillaume ; — alors le Gouvernement autrichien agissait avec une légèreté et un manque de conscience incroyables en laissant un gâteux au poste diplomatique le plus important, et le Gouvernement allemand agissait avec une légèreté et une inconscience égales, en confiant, dans une pareille situation, ses ordres les plus difficiles et les plus importants, à un idiot qui ne savait pas bien de quoi on lui parlait. On ne peut imaginer une accusation plus grave contre les deux Gouvernements. L'excuse, dans ce cas, est pire que le crime lui-même. Car il vaut mieux encore, pour une nation, être dirigée par des coquins intelligents et instruits, que par d'honnêtes imbéciles. Les premiers ne mettront pas, à la légère, le peuple dans des situations périlleuses pour l'État et pour eux-mêmes. Seul, un imbécile sait le faire. La malhonnêteté, la légèreté et la bêtise réunies constituent, naturellement, le danger le plus grave. La sénilité de Szögyeny, si elle était réelle, ne serait donc pas une excuse pour le Gouvernement allemand d'alors, mais ne ferait que déplacer sa culpabilité et la porter sur un terrain différent.

Szögyeny était certainement un vieillard en 1914; il était âgé de 73 ans et faisait quelquefois des bévues. Mais, beaucoup de ses rapports peuvent être considérés comme parfaitement corrects. Dans le cas présent, sa déposition, comme nous l'avons déjà observé, est très précise. Il y a donc certainement lieu de l'examiner.

En y regardant de près, nous trouvons que des parties très importantes de ce rapport sont confirmées par les documents allemands.

La reproduction des raisons aussi, par lesquelles Jagow motiva sa dangereuse déclaration du 27, correspond complètement à la manière de penser d'alors du Gouvernement allemand. Szögyeny les reproduit en ces termes :

« Le Gouvernement allemand partait de ce point de vue qu'il était de la plus grande importance que l'Angleterre, à ce moment, ne fît pas cause commune avec la Russie et la France. Il fallait donc éviter tout ce qui pourrait détruire le lien existant jusqu'ici entre l'Allemagne et l'Angleterre. Or, si l'Allemagne déclarait nettement à Sir Edward Grey qu'elle ne voulait pas transmettre à l'Autriche-Hongrie des désirs, — qui, comme l'Angleterre le croit, auront une plus grande portée chez nous, s'ils nous arrivent par l'entremise de l'Allemagne, — alors se produirait la situation susmentionnée qu'il faut absolument éviter. » (1)

On voit que M. le comte n'avait certainement pas un style brillant; mais Bethmann-Hollweg expose, le même jour, dans un télégramme à Tschirschky, les mêmes vues quant

(1) *Livre rouge autrichien*, 1919.

au contenu, sinon quant à la forme. Il communique la proposition de Grey et continue ainsi :

« Après notre refus d'une proposition anglaise de conférence, il nous est impossible de repousser aussi cette initiative anglaise *a limine*. En rejetant toute tentative de médiation, nous serions unanimement rendus responsables de la conflagration, et présentés comme les vrais excitateurs à la guerre. Cela rendrait également impossible notre propre situation dans le pays *où nous devons être considérés comme contraints à la guerre*. Notre situation est d'autant plus délicate que la Serbie, en apparence, est allée très loin dans la voie des concessions. Nous ne pouvons donc pas refuser le rôle de médiateurs, et devons soumettre avec avis favorable la proposition anglaise au Cabinet de Vienne, surtout puisque Londres et Paris agissent continuellement sur Pétersbourg. Je demande l'opinion du comte Berchtold sur la proposition anglaise et sur le désir de M. Sazonow de négocier directement avec Vienne. » (1)

Ce singulier médiateur voyait une difficulté de la situation en ceci, que les Serbes *cédaient*, ce qui n'était une difficulté que pour celui qui cherchait la guerre, mais qui voulait, en même temps, y être considéré comme contraint. Aussi, il ne recommande pas la proposition anglaise ; il la transmet seulement et s'en excuse, les circonstances l'y forçant.

Mais il télégraphie à Londres :

« Nous avons immédiatement repris l'action médiatrice, dans le sens désiré par Sir Edward Grey. » (2)

L'heureux résultat de cette « action médiatrice », était la déclaration de guerre de l'Autriche à la Serbie, le 28 juillet.

Toutefois, l'Angleterre faisait une nouvelle tentative pour sauver la paix du monde. Le 29, Lichnowsky rapportait, dans un télégramme sur lequel nous aurons l'occasion de revenir :

« Sir E. Grey répéta la proposition que j'ai déjà transmise nous invitant à prendre part à une pareille médiation à quatre, *que nous avions acceptée en principe*... Mais, si Votre Excellence prenait en mains la médiation, *ce que j'ai laissé entrevoir ce matin*, il en serait, bien entendu, également satisfait. » (3)

(1) *Die deutschen Dokumente, etc.* Nº 277.
(2) *Ibid.*, Nº 278.
(3) *Ibid.*, Nº 368.

Ces deux phrases font défaut dans la copie du télégramme faite pour Guillaume. Serait-ce un hasard ? Il est plutôt permis de supposer que l'on ait voulu cacher à l'Empereur que l'on « avait accepté en principe » cette espèce de médiation. Cela s'accorderait bien avec la politique de Jagow à laquelle s'applique la dépêche de Szögyeny.

Dans tous les cas, de quelque manière qu'on envisage le rapport de ce dernier, la politique allemande, durant les jours qui suivirent la remise de l'ultimatum, fut telle, qu'elle souleva, avec raison, une méfiance croissante chez les neutres eux-mêmes quant à son honnêteté et à son amour de la paix.

Un changement dans ce sabotage persévérant de tous les efforts tendant au maintien de la paix, se prépare le 28 juillet.

§ 4. — COMMENCEMENT DE L'INSÉCURITÉ EN ALLEMAGNE

Nous savons déjà que le Gouvernement allemand voulait la guerre de l'Autriche avec la Serbie ; qu'il ne reculait pas devant des hostilités avec la Russie, et éventuellement avec la France, mais qu'il avait le besoin pressant de savoir son propre peuple derrière lui, l'Italie à ses côtés et l'Angleterre neutre.

A cela, il y avait d'énormes difficultés, par suite de la balourdise et de l'obstination de l'Autriche, d'une part, et de la prudence de la Serbie, de l'autre.

Quand Guillaume lut la réponse serbe du 25 à l'ultimatum autrichien, il dut admettre, en son for intérieur, que sa cause était en mauvaise posture. Cela lui fut manifestement désagréable.

Il fit cette lecture le 28 juillet, et remarqua à ce sujet :

« *C'est un brillant résultat pour un délai de 48 heures seulement ! C'est plus qu'on ne pouvait attendre, un grand succès moral pour Vienne ! mais il fait disparaître toute raison de guerre, et Giesl aurait dû rester tranquillement à Belgrade. Après cela, moi, je n'aurais jamais ordonné la mobilisation.* » (1)

(1) *Die deutschen Dokumente, etc.*, N° 271.

Ce qui ne l'empêcha pas, il est vrai, de déclarer emphatiquement, le 4 août, dans son Discours du trône :

« *Mon Haut Allié, l'Empereur et Roi François-Joseph, a été contraint à prendre les armes.* »

Le 28 juillet, on était d'un autre avis, et cela non seulement dans une note fugitive. Ce même jour, Guillaume écrivait à de Jagow, une lettre déjà publiée dans la *Deutsche Politik* du 18 juillet 1919. Nous la reproduisons ici, à cause de son importance. Les deux observations très remarquables, placées entre parenthèses, ont été omises dans le texte donné par la *Deutsche Politik*.

Voici cette lettre :

« Excellence,

« Après lecture de la réponse serbe reçue ce matin, je suis persuadé que, dans les grandes lignes, les désirs de la Monarchie danubienne sont exaucés. Les quelques réserves faites sur certains points, par la Serbie, peuvent être, à mon avis, liquidées par des négociations. Mais, une capitulation (humiliante) y est annoncée urbi et orbi, et partant, *toute cause de guerre* est éliminée.

« Cependant, on ne peut attribuer qu'une valeur relative au contenu de ce bout de papier, aussi longtemps qu'il n'est pas devenu une réalité. Les Serbes sont des Orientaux, donc menteurs, faux et hypocrites. Pour transformer en actes leurs belles promesses, il faut employer une douce violence. Cela devrait se faire de telle manière, que l'Autriche prît un *gage* (Belgrade), pour garantir l'exécution des promesses, le conservant jusqu'à ce qu'il ait été donné *satisfaction* effective aux *petita*. Cela est nécessaire aussi, pour donner à l'armée mobilisée *en vain* pour la troisième fois, l'apparence d'un succès aux yeux de l'étranger, et la conscience d'avoir, au moins, foulé le sol de l'adversaire. Sans cela, et si la campagne n'avait pas lieu, de mauvais et dangereux sentiments en résulteraient contre la dynastie. Si Votre Excellence partage mon opinion à ce sujet, je proposerais de dire à l'Autriche : nous vous adressons nos félicitations pour la reculade (humiliante et forcée) que vous avez obtenue de la Serbie. Ainsi, toute cause de *guerre a disparu*. Mais il conviendrait d'obtenir une *garantie* pour l'*exécution des promesses*. On pourrait y parvenir par l'occupation militaire *temporaire* d'une partie de la Serbie, comme lorsque, en 1871, nous avons laissé des troupes en France jusqu'au paiement des milliards. Sur *cette base*, je suis prêt à accepter le rôle de *médiateur* à l'égard de l'Autriche. Je refuserais absolument d'autres propositions ou protestations des puissances à ce sujet, d'autant plus que toutes font, plus ou moins ouvertement, appel à moi pour aider au maintien de la paix. Je ferai cela à ma manière et en ménageant le plus possible le sentiment national autrichien et *l'honneur de ses armes*. Car le Chef suprême de l'armée y a déjà fait appel et elle se dispose à le suivre. Il faut donc absolument qu'elle ait une visible satisfaction d'honneur : c'est la *condition préalable* de ma médiation. Votre Excellence voudra donc bien me faire une proposition dans le sens que je viens d'indiquer, en vue d'être communiquée à Vienne. J'ai fait écrire dans le même sens au Chef de l'État-major par Plessen, qui partage entièrement ma façon de voir. »

« Guillaume. I. R. » (1)

La *Deutsche Politik*, ajoutait le commentaire suivant :

« Cela montre sans contredit que l'Empereur, lui non plus, n'a pas voulu la guerre austro-serbe. »

En réalité, on pourrait dire tout au plus : n'a pas voulu *à ce moment*. Nous avons vu qu'auparavant, il était d'accord sur la nécessité de la guerre et qu'il y poussait même. Le 25 juillet encore, il trouvait qu'il fallait « marcher ferme sur les pieds de cette crapule. »

Le 28 juillet, Guillaume n'a pas une conscience complète de la gravité de la situation. Il joue encore avec le feu, demandant une « douce violence » à l'égard des Serbes qui, à l'encontre des fanatiques de vérité autrichiens et allemands, sont « menteurs et faux ». Il observe que l'armée « mobilisée en vain pour la troisième fois », devrait enfin recevoir « une satisfaction d'honneur visible », une « apparence de succès », ce qui est la « condition préalable de ma médiation », de laquelle dépendait la paix du monde ! — et ceci est très caractéristique, non seulement de sa mentalité militaire,

(1) *Die deutschen Dokumente, etc.*, N° 293.

mais aussi de ses habitudes de comédien. La satisfaction de vanité des officiers lui était plus chère que la paix du monde !

De ces dispositions du 28, ne ressortait pas encore le désir d'une pression sérieuse sur l'Autriche qui, ce même jour, déclarait la guerre, et, le lendemain, bombardait Belgrade, pour n'avoir pas mobilisé en vain une troisième fois.

Guillaume décline, comme auparavant, les propositions les meilleures faites en vue de sortir de cette situation tendue. Ceci est prouvé par ses observations au rapport du chargé d'affaires militaires à Pétersbourg, Chelius, du 28 juillet, dont il eut connaissance le 29. Il y est dit :

« Pour Sa Majesté

« Le prince Troubetzkoï, de l'entourage de l'Empereur, m'a parlé, aujourd'hui, en ces termes : puisque maintenant la réponse de la Serbie est publiée, *il faut reconnaître sa bonne volonté* de céder complètement aux désirs de l'Autriche; sans quoi la Serbie n'aurait pas répondu de ce ton de bon voisinage à la note de l'Autriche qui était d'une rigueur inouïe, mais elle l'aurait simplement... (1) Quant aux deux points en litige, la Serbie ne pouvait pas les accepter simplement sans danger de révolution et elle désire les soumettre à l'arbitrage. Cela est parfaitement loyal, et *l'Autriche* prendrait une *grave responsabilité* si, par un *refus de reconnaître* cette *attitude de la Serbie*, elle provoquait un conflit européen. Quand je répondis que la responsabilité retomberait sur la Russie qui était hors du conflit, le prince Troubetzkoï me dit :... Nous ne pouvons pas abandonner *nos frères*. L'Autriche peut *les annihiler,* et nous ne pouvons pas admettre cela... Nous croyons que l'Empereur d'Allemagne donnera à

Notes marginales :

- *il fallait s'y attendre*
- *L'Autriche ne peut pas entrer dans cette voie.*
- *c'est là le souci qui m'obsède après la lecture de la réponse serbe.*
- *c'est juste*
- *assassins de rois et de princes !*
- *elle ne le veut pas !*

(1) Un mot incompréhensible (Note de l'auteur).

ce sont des phrases pour se décharger sur moi de la responsabilité. Je n'en veux pas !

l'Autriche le conseil utile de ne pas trop tendre l'arc, de reconnaître la bonne volonté de la Serbie par les promesses qu'elle a données et de laisser les puissances ou la *Cour d'arbitrage de La Haye*, décider sur les points en litige.... Le retour de Votre Empereur nous a tous très tranquillisés, car nous avons confiance en Sa Majesté et nous ne voulons pas de guerre ; l'Empereur Nicolas n'en veut pas non plus. Il serait bon que les deux Monarques entrassent en *communication télégraphique*. Voilà l'opinion des hommes les plus influents du quartier général, et c'est probablement celle de toute la Cour. » (1)

absurdité

c'est fait !
Il est douteux pour moi qu'une entente s'ensuive

On voit que, le 29, Guillaume persiste à déclarer qu'un appel à la Cour d'arbitrage de La Haye ou à une conférence des puissances est une « absurdité ». D'autre part, il doute qu'une entente directe de l'Allemagne et de la Russie soit couronnée de succès. Il paraît donc compter sur l'inévitabilité de la guerre générale, et le souci qui l'obsède et qu'il exprime dans l'une de ses annotations marginales, ne paraît pas être le conflit européen, mais la crainte que, par la sottise de l'Autriche, il soit chargé du reproche odieux d'avoir lui-même provoqué la guerre. De même, de plusieurs remarques de Bethmann-Hollweg, il n'est pas toujours facile de savoir avec précision, si le maintien de la paix lui est cher, ou si, d'après la méthode employée par Bismarck en 1870, il doit simplement s'assurer que les autres sont dans la position du lapin qui a commencé. Qu'on se rappelle la dépêche du 27 juillet à Tschirschky où il dit qu'il faut que nous « paraissions ceux qui ont été contraints à la guerre ».

La dépêche du Chancelier de l'Empire adressée, le 28 juillet, à l'Ambassadeur à Vienne est rédigée sur le même ton. Il se plaint que l'Autriche ait laissé l'Allemagne dans l'incertitude de ses intentions, malgré ses demandes réitérées.

« La réponse du Gouvernement serbe à l'ultimatum autrichien, qui est maintenant devant nous, permet de recon-

(1) *Die deutschen Dokumente, etc.*, N° 337.

naître que la Serbie est allée, dans une si large mesure,
au-devant des demandes autrichiennes, que, si le Gouvernement austro-hongrois, maintient une attitude complètement
intransigeante, il faut compter, dans toute l'Europe, sur une
aliénation successive de l'opinion publique contre lui.

« D'après les indications de l'Etat-Major autrichien, une
action militaire active contre la Serbie ne sera possible que
le 12 août. En conséquence, le Gouvernement impérial se
trouve dans une situation exceptionnellement difficile et
peut être exposé dans l'intervalle aux propositions de médiation et de conférence des autres puissances, et, s'il maintient
sa réserve actuelle vis-à-vis de telles propositions, *le reproche
odieux d'avoir causé une guerre mondiale, retombe finalement sur lui, même aux yeux du peuple allemand. Et, dans
ces conditions, une guerre victorieuse contre trois fronts ne
peut pas être déclenchée. Il faut donc, et c'est un devoir impérieux, que la responsabilité de l'extension éventuelle du
conflit* aux Etats qui ne sont pas directement intéressés dans
la question, *retombe, dans toutes les circonstances, sur la
Russie* ». (1)

Bethmann-Hollweg conseillait donc à Vienne de répéter
sa déclaration catégorique qu'elle ne désirait pas faire
d'acquisitions territoriales en Serbie, mais seulement occuper
temporairement Belgrade et quelques autres parties du pays,
à titre de garantie de la réalisation des demandes autrichiennes.

« Si le Gouvernement russe ne reconnaît pas la correction
de ce point de vue, il aura contre lui l'opinion publique de
toute l'Europe qui est, présentement, sur le point de se
détourner de l'Autriche. Il s'ensuivra que la situation diplomatique générale, et probablement aussi, militaire, s'incline-
ront très sensiblement en faveur de l'Autriche-Hongrie et de
ses alliés.

« Je prie Votre Excellence de vouloir bien vous entretenir
immédiatement avec le comte Berchtold, de lui parler énergiquement dans ce sens, et de lui proposer une démarche
à Pétersbourg. Vous devrez éviter soigneusement *de créer
l'impression que nous désirons retenir l'Autriche.* Il s'agit
seulement de trouver une modalité qui permette de réaliser

____

(1) *Die deutschen Dokumente, etc.*, N° 323.

le but auquel aspire l'Autriche-Hongrie, celui de couper court
à la propagande panserbe, sans déchaîner, en même temps,
une guerre mondiale, et, *si, en fin de compte, cette guerre
ne peut être évitée, d'améliorer, dans la mesure du possible,
les conditions dans lesquelles il faudra la conduire en notre
faveur* ». (1)

On admettra qu'il est difficile de décider ce qui, le 28 juillet, importait le plus au Chancelier de l'Empire : éviter la
guerre mondiale, ou « améliorer, dans la mesure du possible, les conditions dans lesquelles il faudrait la conduire en
notre faveur ».

Guillaume, lui-même, ne s'exprime nullement de manière
à accueillir favorablement l'appel que le Tsar lui adressait
par son premier télégramme du 29 juillet et dont voici la
traduction de l'original anglais :

« A Sa Majesté l'Empereur,
Nouveau Palais.

« Je suis heureux que Tu sois rentré.
En ce moment si grave, je Te prie instamment de venir à mon aide. Une guerre
ignoble a été déclarée à un faible pays.
L'indignation, que je partage entièrement, est immense en Russie. Je prévois
que, très prochainement, je ne pourrai
plus longtemps résister à la pression qui
est exercée sur moi et que je serai forcé
de prendre des mesures extrêmes qui
conduiront à la guerre. Pour prévenir la
calamité que serait une guerre européenne, je Te prie, au nom de notre ancienne amitié, de faire tout ce qui sera
en Ton pouvoir, pour empêcher Ton allié
d'aller trop loin ». (2)

Après la déclaration récente de Guillaume lui-même,
qu'il n'existait aucune raison pour faire la guerre à la Serbie,
on devrait supposer que cette représentation des suites ter-

(1) *Die deutschen Dokumente, etc.,* N° 323.
(2) *Ibid.,* N° 332.

ribles de l'action belliqueuse de l'Autriche contre la Serbie, allait induire Guillaume à une intervention rapide. Point du tout. Nicolas le prie de faire tout pour empêcher l'Autriche d'aller trop loin. Guillaume demande : « En quoi cela consiste-t-il ? »

Guillaume considère la guerre à la Serbie comme totalement dépourvue de raison et il proteste, cependant, par deux points d'exclamation, contre la qualification d' « ignoble » donnée à cette guerre.

Mais, il ne s'en contente pas. Il fait suivre le télégramme des réflexions suivantes :

« Aveu de sa propre faiblesse et essai de m'attribuer la responsabilité de la guerre. Le télégramme contient une menace cachée ! et une sommation pareille à un ordre, d'arrêter le bras de l'allié. Si Votre Excellence a expédié, hier soir, mon télégramme, il doit s'être croisé avec celui-ci (1).

« Nous allons voir maintenant quel sera l'effet du mien.

« L'expression « ignoble war » (guerre ignoble) ne permet pas de conclure au sentiment de solidarité monarchique du Tsar, mais à une manière de penser panslaviste, c'est-à-dire au souci d'une capitis diminutio *dans les Balkans, en cas de succès autrichiens. On pourrait bien attendre tranquillement ceux-ci dans leur effet total. Plus tard, il sera toujours temps de négocier, et, éventuellement, de mobiliser, mesure à laquelle,* en ce moment, *la Russie n'a aucune raison de procéder. Au lieu de nous sommer d'arrêter l'allié, Sa Majesté devrait s'adresser à l'Empereur François-Joseph et négocier avec Lui pour connaître les intentions de Sa Majesté.*

« Ne conviendrait-il pas d'envoyer une copie des deux télé-

---

(1) C'est ce qui était arrivé en effet. Le télégramme du Tsar était arrivé à Berlin le 29 juillet à une heure du matin ; celui de l'Empereur au Tsar fut mis au net le 28 juillet à dix heures quarante-cinq minutes du soir, d'après une ébauche de Stumm et remis au Bureau central télégraphique de Berlin le 29 à une heure quarante-cinq minutes du *matin.* Il partait donc seulement après l'arrivée à Berlin du télégramme du Tsar. Celui-ci ne constitue donc pas une réponse au télégramme de l'Empereur comme pourrait le faire supposer le *Livre blanc allemand de 1919* — où le télégramme de Guillaume est daté du 28 à 10 heures 45 du soir et celui du Tsar, du 29 à une heure de *l'après-midi.*

*grammes à Sa Majesté le Roi à Londres pour son infor-
mation ?*

*« Les socialistes se livrent, dans les rues, à des menées
antimilitaristes, ce qui ne doit, en ce moment, être toléré en
aucune façon.*

*« En cas de récidive, je proclamerai l'état de siège et ferai
mettre en prison les chefs, tous les chefs, tutti quanti. Ins-
truire Löbell et Jagow à ce sujet. Nous ne pouvons plus
tolérer, à cette heure, de propagande socialiste ! »*

Cette propagande était dirigée contre la guerre de l'Autriche à la Serbie, que Guillaume lui-même déclarait être
sans aucune justification. Au lieu d'arrêter le bras de l'allié,
qui mettait en danger la paix du monde, l'Empereur voulait
« faire mettre en prison tous les chefs, tutti quanti » qui
protestaient contre la guerre, et il demandait qu'on laissât
l'Autriche libre de la faire et qu'on attendît d'abord « l'effet
total » de ses succès.

CHAPITRE XIII

L'ITALIE

Au moment de l'expédition de l'ultimatum à la Serbie, les gouvernants de Berlin et de Vienne se berçaient encore d'une confiance trompeuse et se croyaient déjà sûrs de la victoire, soit *diplomatique*, si la Russie se soumettait sans lutte à la *capitis diminutio* à laquelle on la destinait, selon l'expression de Guillaume, c'est-à-dire à une honteuse dégradation, — soit *militaire*, si la Russie se laissait entraîner à tirer l'épée.

Mais cette confiance reposait sur l'attente qu'on réussirait à trouver, dans le peuple allemand, la sympathie nécessaire à ce conflit, à maintenir l'Italie comme alliée, et à inciter l'Angleterre à rester neutre.

C'est dans ces circonstances qu'arriva la réponse de la Serbie. Plus cette réponse produisait d'effet, plus le sentiment général se tournait fâcheusement contre l'Autriche et ses protecteurs. De là, ce manque de sécurité dont nous venons de constater les symptômes.

Nous avons vu l'irritation de Guillaume contre les socialistes. Son allié italien ne lui causait pas moins d'embarras.

Si les conjurés de Potsdam avaient vu la réalité telle qu'elle était, et non telle qu'elle aurait dû être suivant leur désir, ils auraient dû, d'avance, ne pas compter sur l'appui de l'Italie, et se préparer plutôt à la trouver hostile.

Car, dans les Balkans, l'Italie était, autant que la Russie, la rivale de l'Autriche. Et même, les visées autrichiennes, beaucoup plus que celles de la Russie, croisaient la route que l'Italie méditait de prendre, car, de même que l'Autriche, elle avait des désirs d'expansion sur le versant occidental des Balkans. Donc, après l'annexion de la Bosnie par l'Autriche en 1909, un véritable rapprochement avait eu lieu entre la Russie et l'Italie, à l'occasion de leur politique balkanique.

La Serbie, il est vrai, pouvait aussi devenir concurrente de l'impérialisme italien dans les Balkans. Mais elle était, alors, encore petite, et complètement inoffensive avec ses trois millions d'habitants, si on la comparait à la grande Monarchie des Habsbourg avec ses cinquante millions de sujets.

Et non seulement l'impérialisme, mais la démocratie italienne était aussi en opposition avec l'Autriche, qui opprimait et persécutait un million d'Italiens sur son territoire.

L'Italie, en réalité, était seulement l'alliée de l'Allemagne, non pas celle de l'Autriche. Entre Italiens et Autrichiens, il y avait une grande hostilité, si grande, que déjà, en 1909, le Chef de l'État-Major autrichien, Conrad von Hötzendorf, avait excité à la guerre contre l'Italie. Le sentiment des hommes de l'État-Major et des diplomates autrichiens, n'avait pas été amélioré par le fait qu'en 1913 l'Italie avait fait échouer les plans belliqueux de l'Autriche contre la Serbie.

Les conjurés se fiaient si peu à l'allié qu'ils avaient cru devoir lui cacher très soigneusement, comme au reste du monde, l'entreprise contre la Serbie. Il était pris au dépourvu par l'ultimatum autrichien, non seulement en apparence, comme le Gouvernement allemand, mais en réalité.

On devait prévoir que le Gouvernement italien en serait très irrité. Et même, s'il avait voulu se ranger du côté de l'Autriche, cela lui aurait été difficile. Car l'opinion publique, en Italie, avait, immédiatement, pris parti contre l'Autriche et pour la Serbie. Or, un Gouvernement italien était bien moins autocrate qu'un Gouvernement allemand ou autrichien. Il n'aurait pas osé s'opposer au sentiment populaire, nettement exprimé.

Dans ces circonstances, le seul moyen de gagner l'Italie eût pu être l'accord, par l'Autriche, de compensations suffisantes acceptées aussi par le peuple, la cession du Trentin par exemple.

Une politique prévoyante aurait dû s'en assurer, avant d'entrer dans une aventure guerrière — si elle croyait cette aventure nécessaire. Conformément à leur point de vue impérialiste lui-même, Guillaume et Bethmann-Hollweg, avant de promettre à l'Autriche, à Potsdam, leur appui absolu dans une guerre contre la Serbie, auraient dû obtenir de l'Autriche, l'assurance qu'elle était prête à certaines concessions envers l'Italie.

Mais, alors, on était trop pressé pour agir de la sorte. Sans tenir compte ici de considérations morales, l'entreprise qui devait provoquer la terrible guerre mondiale avait été mise en scène avec une telle légèreté qu'au premier abord, on ne pensait pas même à Berlin à obliger Vienne à des compensations à l'Italie. On ne lui avait pas même demandé quels étaient les buts de la guerre contre la Serbie! Sur ces buts, de même que sur la position italienne, on ne commença à réfléchir qu'après coup. Dix jours après la réunion de Potsdam, le 15 juillet, Jagow télégraphiait à Tschirschky, à Vienne :

« L'opinion publique italienne s'est montrée, jusqu'ici, aussi serbophile, qu'elle se montre généralement austrophobe. Il n'y a aucun doute pour moi que, dans un conflit austro-serbe, elle se placera nettement du côté de la Serbie. Une extension territoriale de la Monarchie austro-hongroise, et même une extension de son influence dans les Balkans, est considérée avec horreur en Italie, et envisagée comme un préjudice à la situation de l'Italie dans ce pays. En raison d'un défaut d'optique, les prétendues menaces que lui fait courir le voisinage de l'Autriche, l'empêchent de voir le caractère beaucoup plus véritable du péril slave. Non seulement il faut tenir compte du fait que la politique du Gouvernement en Italie dépend, dans une grande mesure, des dispositions de l'opinion publique, mais encore cette conception est celle qui règne dans la tête de la plupart des hommes d'État italiens. Toutes les fois qu'il a été question d'une menace adressée par l'Autriche à la Serbie, j'ai pu constater chez eux une nervosité extraordinaire. Si l'Italie prenait parti pour la Serbie, le désir d'action de celle-ci serait certainement encouragé. A Pétersbourg, on pourrait compter que l'Italie, non seulement ne remplirait pas ses obligations d'alliance, mais se tournerait directement contre l'Autriche-Hongrie. L'effondrement de la Monarchie ouvrirait à l'Italie la perspective du gain des quelques territoires qu'elle convoite depuis longtemps.

« Il est, par conséquent, à mon avis, de la plus grande

importance que Vienne s'entende avec le Cabinet de Rome
sur les buts que l'Autriche poursuivrait en cas de conflit avec
la Serbie, range l'Italie de son côté — un conflit avec la
Serbie ne constituant pas un *casus fœderis* — et s'assure de
sa stricte neutralité. L'Italie, en vertu de ses accords avec
l'Autriche, pour chaque modification dans les Balkans en
faveur de la Monarchie du Danube, a droit à des compensations. Ces compensations feraient l'objet et l'amorce de
négociations avec l'Italie. D'après nos informations, on ne
considère pas, à Rome, la cession de Vallona comme une
compensation acceptable. L'Italie semble, du reste, revenue
du désir de s'implanter sur l'*altera sponda* de l'Adriatique,

« Comme je le fais observer confidentiellement, la seule
compensation qui serait considérée comme sérieuse en Italie,
serait la cession du Trentin. Le morceau serait évidemment
assez gros pour fermer la bouche à l'opinion publique austrophobe. On ne saurait méconnaître que la cession d'un ancien
territoire de la Monarchie pourrait très difficilement se concilier avec les sentiments du Souverain et du peuple autrichien ; mais on se demande, d'autre part, quelle est la valeur
que présente l'attitude de l'Italie pour la politique autrichienne,
quel est le prix qu'on doit payer en conséquence, et si le prix
est en rapport avec les gains qu'on peut s'assurer d'autre part.

« Je prie Votre Excellence de vouloir bien faire, de l'attitude de l'Italie, l'objet de conversations confidentielles et
approfondies avec le comte Berchtold, et d'aborder éventuellement la question des compensations. Faut-il, dans cette
conversation, soulever la question du Trentin ? Je ne puis
qu'abandonner ce point à votre appréciation et à votre exacte
connaissance des dispositions qui règnent là-bas.

« L'attitude de l'Italie dans le conflit serbe exercera certainement une répercussion sur celle de la Russie. Si ce
conflit provoquait une *conflagration générale*, elle deviendrait aussi pour nous d'une grande importance militaire.

« Pour éviter des malentendus, je fais encore observer que
nous n'avons fait au Cabinet de Rome aucune communication sur les négociations entre Vienne et Berlin, et qu'en
conséquence, la question des compensations n'a pas été discutée par nous. » (1)

(1) *Die deutschen Dokumen'e, etc.*, N° 46.

Jagow avait beau discourir. Il aurait dû mieux connaître l'esprit borné et opiniâtre de ses amis autrichiens. A Vienne, on ne voulait pas entendre parler de compensations.

Tschirschky rapporte donc, le 20 juillet, ce qui suit au sujet de l'entretien avec Berchtold :

« Le comte Berchtold m'a dit qu'à son avis, dans l'état de choses actuel, la question des compensations ne se posait pas ; dans la conversation, surtout sur l'insistance du comte Tisza, qui avait fait ressortir que, ni lui, ni un gouvernement hongrois quelconque, ne pouvaient admettre le renforcement des éléments slaves dans l'intérieur de la Monarchie par des districts serbes, il avait été résolu de s'abstenir de toute incorporation *permanente* de territoires étrangers. Il s'ensuivait que toute prétention justifiée de l'Italie à l'effet de réclamer des compensations, disparaissait. Je fis observer que l'Italie pouvait envisager l'humiliation de la Serbie et l'extension qui en résulterait pour l'influence de la Monarchie dans les Balkans, comme un préjudice porté à ses intérêts, et la conduirait peut-être à des réclamations. Le Ministre répondit que ce point de vue était en contradiction avec les déclarations répétées du marquis de San Giuliano, d'après lesquelles l'Italie avait besoin d'une Autriche forte comme rempart contre la marée slave... » (1)

Quand le comte autrichien eût énoncé cet aperçu de sa profonde sagesse, il discourut sur le principe des nationalités que l'Italie, elle-même, avait enfreint par l'occupation de la Libye, et continua :

« Si l'on ne peut concevoir actuellement à Rome une vaste coopération austro-italienne, il n'y a absolument pas de raison pour une pareille coopération ; l'Autriche ne réclame ni coopération, ni appui, mais simplement l'abstention de tout acte hostile envers une alliée. »

Du reste, le Ministre, pressé d'agir, se souciait fort peu des Italiens :

« Il ne se faisait aucune illusion sur les sentiments anti-autrichiens et pro-serbes de San Giuliano et des Italiens, mais n'en était pas moins fermement convaincu que l'Italie, vu sa situation militaire et politique intérieure, ne pouvait songer à une intervention active. M. de Merey (Ambassadeur

(1) *Die deutschen Dokumente*, etc., N° 94.

d'Autriche-Hongrie à Rome) croit, et lui, le Ministre considère son opinion comme fondée, que le marquis de San Giuliano veut, avant tout, bluffer l'Autriche et se couvrir devant l'opinion publique en Italie. »

« Déjà, après ces spécimens de légèreté et d'ignorance, le Gouvernement allemand aurait dû avoir des inquiétudes sur l'allié avec lequel il allait entrer dans une aventure qui menaçait de conduire à une « conflagration générale ».

Cependant Guillaume, lui-même restait encore plein d'espoir. Jagow lui télégraphiait, le 25 juillet, un rapport de Flotow (1), expédié de Rome le soir du 24. Il y était dit :

> « Dans un entretien, assez agité, de plusieurs heures, avec le Président du Conseil des Ministres Salandra et le marquis de San Giuliano, ce dernier déclara que l'esprit du traité de la Triple-Alliance, pour une démarche agressive de l'Autriche aussi fertile en conséquences, aurait exigé qu'elle s'entendît, d'abord, avec ses alliées. Comme elle ne l'a pas fait à l'égard de l'Italie, l'Italie ne peut pas se considérer comme engagée pour les conséquences qui pourraient résulter de cette démarche.
>
> « En outre, l'article 7 du traité de la Triple-Alliance (que je n'ai pas sous la main), exige que les contractants s'entendent préalablement sur les modifications à opérer dans les Balkans, et que, si l'un d'eux obtient un accroissement de territoire, l'autre soit dédommagé.
>
> « Je fis observer que, autant que je pouvais le savoir, l'Autriche avait déclaré qu'elle ne projetait pas d'annexion territoriale. Le Ministre déclara que pareille déclaration n'avait été faite que sous réserve. L'Autriche avait déclaré qu'elle n'envisageait pas *maintenant* d'acquisi-

_____
(1) Ambassadeur d'Allemagne à Rome en 1914.

tions territoriales, sous réserve de décisions ultérieures qui pourraient, plus tard, devenir nécessaires. Le Ministre dit qu'on ne pourrait donc lui en vouloir de prendre, en temps utile, des mesures de précaution.

elle a voulu filouter en Albanie et l'Autriche a froncé les sourcils.

« Le texte de la note autrichienne est rédigé d'une manière si agressive et si maladroite que l'opinion publique de l'Europe et de l'Italie serait contre l'Autriche, et qu'aucun gouvernement ne pourrait la combattre.

blague !

« Mon impression est que la seule possibilité de maintenir l'Italie dans l'alliance, est de lui promettre, en temps opportun, des compensations si l'Autriche procède à des prises de possession territoriales ou à l'occupation du Lovcen... » (1)

le petit voleur veut toujours avaler quelque chose en même temps que les autres.

Jagow remarque, au sujet de ce télégramme, que l'Ambassadeur d'Italie à Berlin, Bollati, avait demandé des compensations ; sans quoi, la politique de l'Italie devrait avoir pour but d'empêcher une extension territoriale de l'Autriche. Guillaume souligne le mot « compensations », et ajoute « Albanie ». Mais, à la fin du télégramme, il met l'annotation suivante :

« *Tout cela n'est que du rabâchage, et on verra bien au cours des événements.* »

Cependant, au Ministère des Affaires étrangères et à l'État-Major, on regardait l'attitude de l'Italie avec moins d'espoir. Guillaume lui-même commençait, à son retour de voyage, à regarder les choses d'une manière plus sobre, surtout lorsqu'il vit l'effet produit par la réponse serbe.

Le Gouvernement allemand continuait à proposer à l'Autriche de faire des compensations à l'Italie.

(1) *Die deutschen Dokumente, etc.*, N° 168.

De Rome, Flotow rapportait le 25 juillet (1) :

« Dans la discussion d'hier avec M. Salandra et le marquis de San Giuliano qui, à diverses reprises, a amené de très vives contradictions entre le marquis de San Giuliano et moi, trois points paraissent se dessiner du côté italien : en premier lieu, la crainte de l'opinion publique en Italie ; ensuite, la conscience de la faiblesse militaire de l'Italie, et, en dernier lieu, le désir, à cette occasion, de retirer quelque chose pour l'Italie, si possible le Trentin. »

A quoi Bethmann-Hollweg remarque :

« Sa Majesté considère comme indispensable que l'Autriche s'entende *à temps* avec l'Italie sur la question des compensations. Cela sera communiqué à M. de Tschirschky pour remise au comte Berchtold d'après les ordres exprès de S. M. »

Flotow continue :

« Le marquis de San Giuliano n'a pas affirmé la possibilité que l'Italie pût se tourner éventuellement contre l'Autriche, mais cela, naturellement, ne résultait que de discrètes allusions... Ainsi que je l'ai déjà annoncé, le marquis de San Giuliano, en se basant sur la rédaction de la note autrichienne, soutint énergiquement la thèse que l'action de l'Autriche contre la Serbie était agressive ; que par conséquent, toutes les immixtions de la Russie et de la France qui pourraient en résulter, ne feraient pas de la guerre une guerre défensive, et qu'en conséquence, le *casus fœderis* ne se pose pas. J'ai combattu vivement ce point de vue, mais, pour des raisons tactiques, il est à prévoir que l'Italie maintiendra fermement cette possibilité de s'esquiver.

« Le résultat d'ensemble est le suivant : on peut difficilement compter sur une assistance active de l'Italie dans un conflit européen qui pourrait surgir. Mais une conduite prudente de l'Autriche pourra empêcher une attitude directement hostile de l'Italie contre l'Autriche, autant qu'on peut actuellement le prévoir. »

Le 26, Flotow rapporte de nouveau :

« Le marquis de San Giulano continue à me dire que l'action de l'Autriche inspire de grandes inquiétudes à l'Italie, attendu que l'Autriche pourrait, demain, procéder de même

(1) *Die deutschen Dokumente, etc.*, N° 244.

contre l'Italie, à cause de l'*Irredenta*. L'Italie ne peut donc donner son approbation à de pareilles démarches. D'après des nouvelles confidentielles de Bucarest, S. M. le Roi de Roumanie partagerait cette opinion, à cause des Roumains vivant en Hongrie...

« Le Ministre persiste à ne pas croire aux assurances autrichiennes portant que l'Autriche ne se propose aucune annexion de territoire serbe... Le Ministre donna de nouveau à entendre que, sans compensations, l'Italie serait forcée de barrer le chemin à l'Autriche. » (1).

Celui qui voulait vraiment servir la cause de la paix du monde, devait naturellement presser avant tout l'Autriche de se contenter de la réponse serbe. Mais, aux yeux de l'Allemagne, il fallait faire pression sur l'Autriche pour qu'elle s'entendît avec l'Italie, et fût plus forte dans le cas où la guerre serbe dégénèrerait en conflit européen. A mesure que cette probabilité augmente, les admonitions adressées à Vienne deviennent plus urgentes.

Le 26, Bethmann-Hollweg télégraphie à Tschirschky, à Vienne :

« Le Chef de l'État-Major général considère aussi comme absolument nécessaire que l'Italie soit maintenue dans la Triple-Alliance. Une entente entre Vienne et Rome est donc nécessaire. Vienne ne doit pas l'éluder par des interprétations discutables du traité, mais prendre des résolutions répondant à la gravité de la situation. » (2).

Les sommations deviennent toujours plus pressantes. Le 27, Jagow télégraphie à l'Ambassadeur à Vienne :

« S. M. l'Empereur considère comme indispensable que l'Autriche s'entende *en temps utile* avec l'Italie sur l'article 7 et sur la question des compensations. Sa Majesté a ordonné de communiquer Ses instructions à Votre Excellence en la priant d'en faire part au comte Berchtold. » (3).

Mais, ni le Chef de l'État-Major ni l'Empereur lui-même ne réussirent à vaincre la résistance passive de ces messieurs du Ballplatz qui étaient décidés à voir dans les Italiens, non des alliés, mais des ennemis.

(1) *Die deutschen Dokumente, etc.,* N° 211.
(2) *Ibid.,* N° 202.
(3) *Ibid.,* N° 267.

Et, en face de cette obstination, l'autre allié de l'Allemagne, la Roumanie, menaçait, de même que l'Italie, de faire défaut à l'Autriche.

Cela devait donner à réfléchir. Mais l'attitude de l'Angleterre aurait dû le faire plus encore.

CHAPITRE XIV

L'ANGLETERRE

Le Gouvernement allemand avait pensé qu'il réussirait à maintenir la neutralité de l'Angleterre en cas de conflit avec la Russie et la France. On comptait avec le fait que l'Irlande paraissait être à la veille d'une révolution et que la pensée pacifiste n'était nulle part aussi forte qu'en Angleterre, non seulement chez les ouvriers, mais aussi dans une grande partie de la bourgeoisie. Beaucoup d'éléments bourgeois eux-mêmes, qui n'auraient rien trouvé à dire à une guerre coloniale, avaient horreur d'une guerre européenne et de ses conséquences économiques ruineuses.

Le Gouvernement allemand pouvait donc s'attendre à ce qu'une forte opposition se manifestât au Parlement anglais contre une guerre à l'Allemagne. Mais il oubliait qu'elle ne s'appliquerait qu'à une guerre agressive, provoquée sans raison. Les armements navals allemands avaient donné bien du souci à la population entière de l'Angleterre, souci qu'augmentait encore le projet d'une invasion allemande. Une guerre faite en vue de la débâcle de la France, ou, plus encore, une occupation de la Belgique par l'Allemagne, devait éveiller, chez le peuple anglais, la plus forte résistance.

Le Gouvernement allemand ne paraît pas avoir compté sérieusement avec cet état de choses. Toute son action fut déterminée par la supposition de la neutralité anglaise.

Dans un rapport de Pourtalès, sur une conversation avec Sazonow, du 21 juillet, on lit :

« Le Ministre répéta, au cours de la conversation, que, d'après les nouvelles en sa possession, la situation était considérée comme sérieuse à Paris et à Londres, et il s'efforça de créer chez moi l'impression que l'attitude de l'Autriche-Hongrie était désapprouvée en Angleterre. » (1).

Guillaume annote énergiquement : « *Il se trompe.* » S'il avait lu les rapports de Lichnowsky avec plus d'attention et moins de préoccupation, il aurait été plus prudent.

Mais il est vrai que le Gouvernement anglais, au début du conflit austro-serbe, chercha, d'abord, à prendre une attitude neutre, afin de s'entremettre entre l'Autriche et la Russie.

C'est aussi dans ce même sens que le Roi d'Angleterre se prononçait envers le prince Henri, frère de Guillaume.

Ce dernier écrivit de Kiel, le 28 juillet :

« Mon cher Guillaume,

« Avant mon départ de Londres, c'est-à-dire dimanche matin (26 juillet), j'ai eu, sur ma demande, une brève conversation avec Georgie qui était parfaitement au courant de la gravité de la situation actuelle et qui m'assura que lui et son Gouvernement tenteraient tout pour localiser la lutte entre l'Autriche et la Serbie. Dans ce but, son Gouvernement a proposé, comme Tu le sais depuis longtemps, l'intervention de l'Allemagne, de l'Angleterre, de la France et de l'Italie, afin d'essayer de contenir la Russie. Il espérait que l'Allemagne serait en mesure, malgré sa position d'alliée de l'Autriche, de se joindre aux puissances pour éviter une guerre européenne, qui, comme il le disait, serait plus proche qu'elle ne l'avait jamais été jusqu'ici. Il m'a dit encore textuellement : « we shall try all we can to keep out « of this and shall remain neutral » (nous ferons tous nos efforts pour demeurer hors de cette affaire et resterons neutres.) Je suis convaincu que cette déclaration avait un réel caractère de sincérité, et que l'Angleterre, effectivement, restera neutre. Relativement à la durée de cette neutralité, je ne puis avoir d'opinion, mais je doute qu'elle persiste longtemps, à cause des relations avec la France.

(1) *Die deutschen Dokumente, etc*, N° 120.

« Georgie était visiblement préoccupé ; il tira des conclusions logiques de la situation et manifesta l'intention la plus sérieuse et la plus sincère de prévenir la conflagration mondiale éventuelle, comptant fermement pour cela sur Ta coopération. J'ai communiqué le contenu de cette conversation à Lichnowsky (dès le 26 juillet), avec prière de le transmettre au chancelier... »

« Ton frère fidèlement dévoué »
« Henri. » (1)

Le rapport relatif à cette conversation ne se signale pas par une logique excessive. Il dit que le Gouvernement anglais propose une entente entre l'Allemagne, l'Angleterre, la France et l'Italie pour mettre un frein à la Russie, et qu'il espère que l'Allemagne ne sera pas empêchée par sa position d'alliée de l'Autriche de se joindre à cette proposition. Il est manifeste que la position d'alliée ne pouvait entrer en question que s'il s'agissait de réfréner l'Autriche. « Georgie » avait probablement parlé de la Russie *et* de l'Autriche. Mais, pour ce simple détail, nous ne voulons pas contester la véracité de toute la lettre, pour cause de sénilité « à la Szögyeny ». En ce qui concerne la neutralité, il avait été dit seulement, évidemment, que nous *essayerons* de rester neutres, tant que nous le pourrons. Henri, lui-même, doute que ce soit possible à la longue. Mais Guillaume y voyait une promesse qui obligerait dans toutes les circonstances.

Or, avant l'ultimatum à la Serbie, il s'était déjà formé de la neutralité anglaise, — que non seulement il attendait, mais qu'il demandait, pour ainsi dire, comme son bon droit, — cette conception, que l'Angleterre devait s'abstenir de toute ingérence dans l'action de l'Autriche et lui laisser libre cours.

Cela résulte de ses annotations à un rapport de Lichnowsky en date du 22 juillet. Nous en reproduisons le texte complet, avec lesdites annotations de Guillaume (2) :

« A ce que j'apprends confidentiellement, Sir Edward Grey déclarera demain au comte Mensdorff que le Gouvernement

____

(1) *Die deutschen Dokumente, etc.*, n° 374.
(2) *Ibid.*, N° 121.

britannique usera de son influence afin que les conditions austro-hongroises, *si elles sont modérées et si elles peuvent se concilier avec l'indépendance de la Serbie,* soient acceptées par le Gouvernement serbe. Il croit que Sazonow fera valoir son influence à Belgrade dans le même sens. Mais la condition de cette attitude est que Vienne ne présente pas des accusations non prouvées « à la Friedjung » et que le Gouvernement austro-hongrois soit en mesure d'établir d'une façon indiscutable la connexité entre l'assassinat de Sarajevo et les agissements des cercles politiques de Belgrade. Tout dépend de la forme et de la rédaction de la note de Vienne et des résultats de l'instruction. Mais, sur la base d'affirmations conçues *à la légère,* il serait impossible de faire des représentations à Belgrade. Je m'efforce, en attendant, d'obtenir qu'en tenant compte des demandes justifiées de l'Autriche à une satisfaction, et pour mettre un terme définitif aux inquiétudes permanentes, on se prononce pour une acceptation sans condition des exigences autrichiennes, même si elles ne tenaient pas entièrement compte de la *dignité nationale de la Serbie.* Je me trouve en présence de l'attente que notre influence à Vienne réussira à empêcher des demandes irréalisables. On compte absolument que nous ne nous associerons pas à des exigences qui ont manifestement pour but de provoquer la guerre et que nous n'appuierons pas une politique qui exploite le meurtre de Sarajevo comme un prétexte pour la réalisation des aspirations autrichiennes dans les Balkans et l'anéantissement de la paix de Bucarest. Du reste, Sir Edward Grey m'a répété aujourd'hui

S. M. l'Empereur des règles pour la défense de son honneur ! qu'il s'efforce à St-Pétersbourg d'agir dans le sens du point de vue autrichien. Mais, ici, on a été désagréablement surpris de ce que le comte Berchtold a, jusqu'à présent, évité de s'entretenir de la question serbe avec Sir Maurice de Bunsen (1). »

Jagow ajoute à ce rapport de Lichnowsky :

« L'Ambassadeur de S. M. à Londres reçoit des instructions pour régler son langage ; ces instructions lui prescrivent de déclarer que nous ne connaissons pas les exigences autrichiennes, mais que nous les considérons comme une question intérieure de l'Autriche-Hongrie et qu'il ne nous appartient pas d'y exercer une ingérence. »

Voici le commentaire de Guillaume :

« *C'est bon ! Mais cela doit être dit sérieusement et nettement à Grey pour qu'il voie que je n'admets pas la plaisanterie. Grey commet la faute de mettre la Serbie sur le même pied que l'Autriche et les autres grandes puissances ! C'est inouï ! La Serbie est une bande de brigands qui doivent être arrêtés pour crimes. Je ne me mêlerai de rien, car c'est l'Empereur seul qui est appelé à apprécier la situation. Je m'attendais à cette dépêche : elle ne me surprend pas ! C'est tout à fait la façon de penser britannique et la façon dédaigneuse d'ordonner que je repousse !* »

C'est ainsi que Guillaume espérait obtenir la neutralité anglaise. Naturellement, ses diplomates parvinrent à mettre de l'eau dans son vin ; mais la difficulté matérielle subsistait ; la différence entre les points de vue autrichien et britannique était trop grande pour permettre à l'Angleterre de continuer, comme elle en avait eu l'intention, à prendre fait et cause pour l'Autriche et à réfréner exclusivement les désirs de la Russie.

Cela fut visible dès que l'ultimatum autrichien fut connu. Dès le 24 juillet, Lichnowsky rapporte :

(1) Ambassadeur de Grande-Bretagne à Vienne en 1914.

« Sir E. Grey m'a prié de l'aller voir. Le Ministre était visiblement fortement sous l'impression de la note autrichienne qui, à son avis, surpassait tout ce qu'il avait vu jusqu'ici dans ce genre. Il m'a dit qu'il n'avait pas encore reçu de nouvelles de Pétersbourg et qu'il ne savait pas quelle idée on s'y faisait de l'affaire. Mais il doute beaucoup qu'il soit possible au Gouvernement russe de recommander à celui de Serbie l'acceptation sans condition des exigences autrichiennes. Un Etat qui en accepterait de pareilles cesserait de compter au nombre des Etats indépendants. Il lui était très difficile, à lui Sir E. Grey, de donner en ce moment des conseils à Pétersbourg. Il ne pouvait qu'espérer qu'on y envisagerait la situation avec calme et sang-froid. Tant qu'il ne s'agissait que d'un conflit localisé entre l'Autriche et la Serbie, la question ne le regardait pas, mais il en serait autrement si l'opinion publique en Russie forçait le Gouvernement à marcher contre l'Autriche.

ce serait très désirable. Ce n'est pas un Etat au sens européen du mot, c'est une bande de brigands !

! !

c'est juste

« Sur ma remarque qu'on ne pouvait mesurer avec le même étalon les peuples des Balkans et les peuples de civilisation européenne, et que, par conséquent, vis-à-vis d'eux, ainsi que l'avait déjà démontré leur manière barbare de faire la guerre, il fallait tenir un autre langage qu'à des Anglais ou à des Allemands, le Ministre répondit que, s'il pouvait peut-être partager cette manière de voir, il ne croyait pas qu'elle fut partagée en Russie. Le danger d'une guerre européenne, au cas où l'Autriche envahirait le territoire serbe, deviendrait imminent. Les conséquences d'une pareille guerre à *quatre*, il insista exprès sur le chiffre *quatre*, et voulait dire

c'est juste
ils n'en ont aucune !

c'est juste

alors, les Russes ne valent pas mieux !

il oublie l'Italie

!

inutile

?!!

c'est inutile, parce que l'Autriche a déjà orienté la Russie, et que Grey ne peut proposer autre chose. Je ne ferai rien, à moins que l'Autriche m'en prie instamment, ce qui est peu probable. Dans les questions d'honneur et d'intérêts vitaux, on ne consulte pas les autres.

absurde

par là, la Russie, l'Autriche-Hongrie, l'Allemagne et la France, étaient absolument impossibles à prévoir. Quelle qu'en soit l'issue, on pouvait être sûr d'aboutir à un épuisement et à un appauvrissement complets, à l'anéantissement de l'industrie et du commerce et à la destruction du capital. Des mouvements révolutionnaires comme ceux de 1848, au lieu de la prospérité actuelle, en seraient la conséquence.

« Ce que sir E. Grey regrette le plus, outre le ton de la note, est le délai très court qui est imparti et qui rend la guerre presque inévitable. Il me dit qu'il serait prêt à intervenir avec nous à Vienne, en vue de faire prolonger le délai, attendu qu'il serait, peut-être, alors possible de trouver une solution. Il me prie de soumettre cette proposition à Votre Excellence.

« En outre, il suggéra que, dans le cas d'une tension dangereuse, les quatre puissances non immédiatement intéressées, l'Angleterre, l'Allemagne, la France et l'Italie, entreprennent une médiation entre la Russie et l'Autriche-Hongrie.

« Le Ministre s'efforce visiblement de faire tout son possible pour éviter des complications européennes et il ne put me dissimuler les vives inquiétudes que lui inspirent le ton agressif de la note autrichienne et la brièveté du délai imparti.

« D'autre part, on me dit au Foreign Office que l'on a des raisons de supposer que l'Autriche sous-évalue la force de résistance de la Serbie. En tout cas, il y aurait une guerre longue et acharnée qui affaiblirait énormément l'Autriche et la saignerait à blanc. On saurait aussi que l'attitude de la Roumanie est très incertaine et qu'on aurait déclaré à Bucarest

il n'a qu'à proposer qu'on serait opposé à tous les agres-
la Perse à l'Angle- seurs. (1)
terre.

Trois points de ce document sont particulièrement remarquables :

D'abord, la tranquillité d'esprit avec laquelle, le 26 juillet,
Guillaume envisage encore la guerre. Il déclare absurde
l'idée que l'Autriche y puisse être saignée à blanc. La crainte
qu'elle apporterait à tous les participants, la ruine économique et la révolution, lui paraît si ridicule qu'il s'en débar-
rasse par un point d'exclamation.

En second lieu, on voit que, le 26 juillet, Guillaume, en
lisant le rapport de Lichnowsky, comptait encore sur la
participation de l'Italie à la guerre, naturellement aux côtés
de l'Allemagne.

Enfin, il faut noter, cependant, que Grey désigne sous
l'expression de guerre à quatre, la guerre qu'il redoute, et
ne parle pas de l'Angleterre. Il cherche donc encore à rester
neutre. Et il devait maintenir sa neutralité pour pouvoir se
présenter en médiateur.

Mais, le succès de cette médiation exigeait que l'Allemagne
aussi demeurât honnêtement neutre. Cela parut douteux dès
l'abord, et, au cours des négociations, le soupçon allait se
précisant toujours davantage, qu'elle n'adoptait son attitude
de neutralité que pour pouvoir aider discrètement l'Autriche,
afin que rien n'ébranlât sa politique guerrière.

L'Angleterre devait également considérer comme possible
que l'Allemagne et l'Autriche eussent en vue une guerre
contre la Russie et la France, guerre dans laquelle, en
alliance avec l'Italie, elles pouvaient être sûres de la victoire.
Si cette intention existait, il fallait craindre que l'Allemagne
fût confirmée dans ses tendances belliqueuses par la perspective de la neutralité anglaise. Il s'agissait donc de pré-
munir l'Allemagne contre l'espoir de cette neutralité. Cet
avertissement pouvait encore maintenir la paix, alors
éminemment précaire. Il fut donné le 29 juillet.

____

(1) *Die deutschen Dokumente, etc.,* N° 157.

§ 2. — LE 29 JUILLET

Cet avertissement trouvait un terrain tout préparé. Nous avons déjà constaté le revirement du sentiment public débutant le 28, à Berlin, et ayant probablement sa source dans les démonstrations socialistes contre la guerre, les représentations de Lichnowsky, et l'attitude rébarbative de l'Italie, desquelles jaillissait la possibilité que, de la guerre joyeuse de deux contre deux, sortît une guerre très pénible de deux contre quatre.

Bethmann-Hollweg essayait maintenant de gagner l'Angleterre par des promesses.

Dans une conversation avec Sir Edward Goschen, il observe, le 29 juillet (1) :

« Nous pouvons assurer le Cabinet anglais — dans l'hypothèse de sa neutralité — qu'en cas de guerre, nous n'ambitionnons pas un accroissement territorial en Europe au détriment de la France. Nous pouvons l'assurer encore que nous respecterons la neutralité et l'intégrité de la Hollande, aussi longtemps qu'elle sera respectée par nos adversaires. »

En même temps, il prélude déjà à l'invasion de la Belgique :

« Quant à la Belgique, nous ne savons pas à quelles réactions, l'action de la France dans une guerre éventuelle pourrait nous amener. Mais nous sommes également prêts à lui donner l'assurance que, si la Belgique ne prend pas parti contre nous, son intégrité sera respectée à la fin de la guerre.

« Ces assurances éventuelles nous ont paru être des bases propres à une entente ultérieure avec l'Angleterre, à laquelle notre politique a continuellement travaillé jusqu'ici. L'assurance de la neutralité de l'Angleterre dans le conflit actuel « would enable me to a general neutrality agreement in the future of which it would be premature to discuss the details at the present moment » (me mettrait dans la position de conclure dans l'avenir une convention générale de neutralité,

____

(1) *Die deutschen Dokumente, etc.*, N° 3₇3.

dont il serait prématuré de discuter les détails en ce
moment). »

La rédaction de la phrase anglaise avait occasionné de
grandes difficultés à Bethmann-Hollweg. Il avait écrit d'abord :

« et à la perspective d'une convention générale de neutralité pour l'avenir, nous pourrions répondre par un accord
sur la flotte. »

Ensuite, il biffa la phrase et écrivit :

« créerait pour nous la possibilité d'envisager une convention générale de neutralité pour l'avenir. Je ne puis me
prononcer aujourd'hui avec plus de précision sur les détails
et la base d'une telle convention, puisque l'Angleterre devrait
faire connaître son avis sur l'ensemble de la question. »

Mais, cette version lui déplut aussi, et il s'arrêta à celle
reproduite ci-dessus en langue anglaise.

Ces tâtonnements sont très caractéristiques. Bethmann-
Hollweg s'efforçait, immédiatement avant la guerre, d'induire
l'Angleterre à abandonner la France et la Belgique à la puissance supérieure de l'Allemagne. Il n'aurait eu quelque
chance d'y parvenir qu'en donnant à l'Angleterre les assurances les plus apaisantes concernant la politique mondiale
et navale de l'Allemagne. Mais, même alors, la probabilité
eût été faible, car, en face des promesses, il y avait la réalité
de la flotte allemande. Toutefois, un succès aurait été possible dans ce cas. Mais, au moment où l'Allemagne allait au-
devant de cette formidable crise, Bethmann-Hollweg ne
pouvait encore se résoudre à faire allusion, même à titre
d'amorce, à une convention relative à la flotte ; il ne savait
qu'énoncer une phrase vague sur une « convention générale
de neutralité pour l'avenir », ce qui n'offrait évidemment
pas la moindre garantie qu'une Allemagne victorieuse
ne tournerait pas contre l'Angleterre son irrésistible supériorité.

Aussi, la proposition fut-elle très énergiquement déclinée
par Grey comme une tentative honteuse de conclure un
marché aux frais de la France, dont les colonies seraient
abandonnées à l'Allemagne. Mais, même avant que le Gouvernement anglais eût connaissance de cette proposition, le
Ministre avait déjà prémuni l'Allemagne de la manière la
plus sérieuse et lui avait fait savoir que, s'il était bien disposé à s'entremettre comme neutre entre l'Autriche, la Serbie

et la Russie, il ne pouvait promettre sa neutralité dans une guerre entre l'Allemagne et la France.

Cette communication qui, en vérité, était évidente par elle-même, frappa Guillaume comme d'un coup de foudre. Il se *trouva partagé entre la fureur et la crainte, et il perdit complètement la tête*, comme nous l'allons voir.

Le 29 juillet, Lichnowsky envoyait deux dépêches à Berlin. Dans l'une, il communiquait que Sir E. Grey considérait la situation comme très sérieuse :

« Il a reçu l'impression la plus pénible d'un télégramme daté d'hier, émanant de Sir Maurice de Bunsen, d'après lequel le comte Berchtold a rejeté absolument la proposition de Sazonow tendant à autoriser le comte de Szapary (1) à entrer avec lui en discussion relativement au conflit austro-serbe. » (2)

Le Ministre examina encore les possibilités d'une médiation et d'une entente de nature à empêcher la guerre mondiale.

La dépêche suivante est la plus importante :

C'est l'exemple le plus fort et le plus inouï de pharisaïsme anglais que j'aie jamais vu ! Avec de pareils coquins je ne conclurai jamais de convention navale !

Malgré l'appel que le Tsar m'a adressé !
Ainsi, je suis donc mis à l'écart.

« Sir E. Grey vient de me faire prier de l'aller voir une fois encore. Le Ministre était parfaitement calme, mais très grave, et me dit, en me recevant, que la situation s'accentuait toujours davantage. Sazonow avait fait connaître qu'après la déclaration de guerre (3), il n'était plus dans la situation de négocier directement avec l'Autriche *et il avait fait prier ici de reprendre la médiation*. La base de cette médiation était, d'après le Gouvernement russe, la cessation provisoire des hostilités.

« Sir Grey répéta sa proposition, déjà transmise, de participer à cette médiation à quatre, que nous avions acceptée en principe. Personnellement, il considé-

-----

(1) Ambassadeur d'Autriche-Hongrie à St-Pétersbourg en 1914.
(2) *Die deutschen Dokumente*, etc., No 357.
(3) A la Serbie.

bon

Nous avons déjà depuis longtemps essayé d'y arriver.
En vain !

Au lieu d'une médiation, une parole catégorique à Pétersbourg et à Paris, disant que l'Angleterre ne les aidera pas, rétablirait immédiatement la situation.

rait comme une base propre à une médiation, que l'Autriche, peut-être après l'occupation de Belgrade ou d'autres places, fasse connaître ses conditions. Mais, si Votre Excellence prenait en mains la médiation, ce que j'ai laissé entrevoir ce matin, il en serait, bien entendu, satisfait aussi. Mais une médiation lui paraissait maintenant urgente et nécessaire afin qu'une *catastrophe européenne ne se produisît pas.*

« Ensuite, Sir E. Grey me dit qu'il avait à me faire une communication amicale et privée ; il ne désirait pas que nos relations personnelles si cordiales et notre échange d'idées intime sur toutes les questions politiques m'induisissent en erreur, et il voudrait s'épargner pour plus tard le reproche *d'avoir manqué de sincérité.*

Il restera !
Ah ! Ah ! le vulgaire fourbe !

« Le Gouvernement britannique désirait, comme par le passé, entretenir avec nous l'amitié d'autrefois, et il pourrait se tenir à l'écart tant que le conflit serait limité à la Serbie et à la Russie. Mais, si *nous et la France y étions impliqués,* la situation changerait immédiatement, et le Gouvernement britannique se verrait contraint, dans ce cas, à des décisions rapides. Alors, *il ne lui serait plus possible de demeurer longtemps à l'écart et d'attendre.* Si la guerre éclate, ce sera la plus *grande catastrophe* que le monde ait jamais vue. Il était loin de vouloir faire une menace quelconque ; il avait seulement voulu me guérir de mes illusions et se laver lui-même du reproche de manquer de sincérité. C'est pourquoi il avait choisi la forme d'un entretien privé.

C'est à dire que nous devrions lâcher l'Autriche. Très cynique et méphistophélique ! Mais essentiellement anglais.

elles sont déjà prises

c'est-à-dire qu'ils nous attaqueraient

Il a complètement échoué. Malgré tout, il a été déloyal ces dernières années et jusqu'à son dernier discours.

nous aussi !
nouvellement créée !

« Sir E. Grey ajouta encore que le Gouvernement devait compter avec l'opi-

S'il le veut, il peut détourner et diriger l'opinion publique, parce que sa presse lui obéit absolument.

avec l'aide de la presse jingoïste.

nion publique. Jusqu'ici, elle avait été généralement favorable à l'Autriche à qui on reconnaissait le droit à une certaine satisfaction, mais, maintenant, par suite de l'obstination autrichienne, elle se transformait complètement.

« A mon collègue italien qui me quitte à l'instant, Sir E. Grey a dit qu'au cas de l'acceptation de la médiation, il croyait pouvoir assurer à l'Autriche toutes les satisfactions possibles ; il ne s'agissait pas du tout d'une reculade humiliante de l'Autriche, puisque les Serbes seraient châtiés dans tous les cas, et forcés, avec l'assentiment de la Russie, à se soumettre aux demandes autrichiennes. L'Autriche pourrait donc aussi, sans une guerre, qui mettrait en question la paix de l'Europe, obtenir des garanties pour l'avenir ». (1)

« Lichnowsky ».

A la fin de ce télégramme, Guillaume ajoute encore en conclusion :

« *L'Angleterre se découvre au moment où elle estime que nous sommes cernés dans la chasse et pour ainsi dire liquidés! La canaille vulgaire de boutiquiers a essayé de nous tromper par des dîners et des discours. La tromperie la plus grossière réside dans les paroles du Roi à Henri, paroles qui m'étaient destinées : « We shall remain neutral and try to keep out of this as long as possible. » Grey donne un démenti au Roi, et ces remarques, adressées à Lichnowsky, sont l'expression d'une mauvaise conscience et du sentiment qu'il a eu de nous avoir trompés. De plus, c'est effectivement une menace additionnée de bluff, destinée à nous détacher de l'Autriche, à empêcher la mobilisation et à nous attribuer la responsabilité de la guerre. Il sait exactement que s'il dit un seul mot, sérieux, catégorique, déconseillant la résistance à Paris et à Pétersbourg, et qu'il les engage à rester neu-*

(1) *Die deutschen Dokumente, etc.,* N° 368.

tres, l'un et l'autre s'arrêteront immédiatement. Mais il se garde de prononcer cette parole, et au lieu de le faire, il nous menace ! Vulgaire goujat ! L'Angleterre seule porte la responsabilité de la guerre et de la paix, pas nous ! Il faut faire savoir tout cela publiquement (1). »

Les termes démesurés dont il se sert témoignent nettement combien Guillaume était désabusé par l'avertissement de Grey, que tout homme politique quelque peu avisé et expert aurait prévu, et que le prince Henri avait aussi attendu, lorsque le Roi Georges lui avait annoncé qu'il essayerait de demeurer neutre aussi longtemps que possible.

Déjà, dans le rapport de Schön, conseiller de la Légation de Bavière, du 18 juillet, publié par Eisner, il était dit :

« L'Angleterre, eu égard à la situation en Irlande, ne doit pas vouloir, en ce moment, une guerre entre la Double et la Triple Alliance. Mais, si elle éclatait quand même, nous trouverions, d'après l'opinion d'ici, les cousins anglais du côté de nos adversaires, parce que l'Angleterre craint que la France, en cas de défaite, descende au niveau d'une puissance de second ordre, et qu'ainsi la « balance of power » (l'équilibre européen) dont le maintien est jugé nécessaire, dans son propre intérêt, par l'Angleterre, soit rompu ». (2)

Guillaume l'avait complètement oublié dans ses prévisions politiques, et il avait pris le désir, exprimé par Grey, d'une neutralité complète pendant la période de médiation, pour une promesse formelle de neutralité en toutes circonstances, même dans le cas d'une guerre contre la France, et il avait, en outre, considéré que la neutralité de l'Angleterre constituait, pour cette dernière, l'obligation de suivre aveuglément la politique allemande à Pétersbourg et à Paris.

Une politique plus insensée, peut à peine être imaginée.

Le lendemain, Guillaume, à la fin d'un rapport de M. de Pourtalès, Ambassadeur à Pétersbourg, relatif à une conversation avec Sazonow, s'exprime avec plus de précision encore sur l'avertissement anglais (3).

(1) *Die deutschen Dokumente, etc.*, No 368.

(2) *Die deutschen Dokumente, etc., Anhang* IV, No 2.

(3) Toutes les citations qui suivent, y compris les observations de l'Empereur, se trouvent dans le rapport dont il est question (*Die deutschen Dokumente, etc.*, No 401).

Le Ministre russe avait essayé de persuader l'Ambassadeur de « *recommander* » au Gouvernement allemand, la « *participation* » désirée « *à la conversation à quatre* », « pour trouver les moyens d'engager amicalement l'Autriche (*la mobilisation russe est-elle un moyen amical?* note Guillaume) à renoncer aux demandes qui lésaient la souveraineté de la Serbie ».

Cette proposition raisonnable qui rendait probable le maintien de la paix et à laquelle le Département des Affaires étrangères avait consenti « en principe » envers l'Angleterre, se heurtait à l'opposition de l'Ambassadeur d'Allemagne à Pétersbourg qui s'en acquittait par cette remarque spirituelle :

« Que la Russie nous demandait de faire envers l'Autriche, ce qu'on reproche à l'Autriche de faire envers la Serbie. »

A cette conception ridicule, Guillaume ajoute promptement : « *Très bien !* »

M. de Pourtalès engageait ensuite Sazonow à laisser faire l'Autriche en Serbie.

« Lors de la *conclusion de la paix*, il serait toujours temps de procéder au rétablissement de la souveraineté serbe. » (*Bon !* annote Guillaume).

Après avoir, aux vifs applaudissements de son impérial seigneur, travaillé de cette manière à une entente entre la Russie et l'Autriche, l'Ambassadeur d'Allemagne abordait le sujet de la mobilisation partielle russe, qui avait suivi celle de l'Autriche, et prononçait, « non une menace mais un avertissement amical » :

« Sazonow déclara que le retrait de l'ordre de mobilisation n'était plus possible, et que la mobilisation autrichienne en était la cause. »

Ce que Guillaume annote, en une longue dissertation :

« *Si la mobilisation russe ne peut plus être révoquée — ce qui n'est pas vrai — pourquoi le Tsar fit-il alors appel à ma médiation, trois jours après, sans mentionner que l'ordre de mobiliser avait été donné? Ceci prouve donc à toute évidence que la mobilisation lui a paru à lui-même précipitée, et qu'ensuite, pour tranquilliser sa conscience en éveil, il a fait cette démarche auprès de nous, sachant bien qu'elle ne servirait plus à rien, car il ne se sentait pas assez fort pour arrêter la mobilisation. Cette légèreté et cette faiblesse* doivent précipiter le monde dans la guerre la plus terrible, laquelle a pour but final la ruine de l'Allemagne. Car, maintenant, il n'y a plus de doute pour moi : l'Angleterre, la Russie et la France se sont concertées — prenant pour base le casus fœderis qui nous lie envers l'Autriche, et pour prétexte le conflit austro-serbe, — afin de faire une guerre d'annihilation contre nous. De là, la remarque cynique de Grey à Lichnowsky : aussi longtemps que la guerre serait limitée à la Russie et à l'Autriche, l'Angleterre resterait tranquille ; mais, si la France et nous y étions mêlés, il se verrait contraint de procéder activement à notre égard ; en d'autres termes : ou bien il nous faudrait trahir indignement notre allié et le sacrifier à la Russie — et faire ainsi sauter la Triplice, — ou, pour rester fidèles à notre alliance, nous serions attaqués et châtiés par la Triple-Entente qui, enfin, assouvirait son désir, en nous ruinant totalement, et elle avec nous. Voilà, in nuce, la situation politique véritable, lentement et sûrement amenée par Edouard VII, continuée, systématiquement élaborée par les conférences de Londres avec Paris et Pétersbourg, conférences que l'on niait, et finalement, achevée et mise en œuvre par Georges V. La sottise et la maladresse de notre allié ont été utilisées pour nous tendre des pièges. L'encerclement fameux de l'Allemagne a donc été enfin complètement réalisé, malgré tous les efforts que nos hommes politiques et nos diplomates ont faits pour l'empêcher. Le filet a été jeté subitement sur notre tête et l'Angleterre, en ricanant, remporte le succès le plus brillant de sa politique mondiale purement anti-allemande, mais conduite avec assiduité et contre laquelle nous nous sommes montrés impuissants ; pour nous qui nous débattons isolés dans le filet, elle se sert de notre loyauté d'alliés de l'Autriche, afin de nous étouffer politiquement et économiquement. C'est un exploit magnifique qui mérite l'admiration même de celui qui en meurt ! Édouard VII est encore, après sa mort, plus fort que moi qui suis vivant ! et il y a eu des gens qui ont cru qu'on pouvait gagner ou apaiser l'Angleterre par telle ou telle autre mesure ! ! ! Incessamment, sans répit, elle a poursuivi son but avec des notes, des propositions de jours de fête, des paniques, Haldane, etc., jusqu'à ce qu'elle parvînt à son but. Et nous avons donné dans le piège et avons même mis un temps d'arrêt à nos constructions *navales dans l'espoir de l'apaiser ainsi ! ! ! Tous mes avertis-sements, toutes mes prières furent prodigués inutilement. Maintenant, la soi-disant gratitude anglaise fait son apparition ! De la fidélité à l'alliance envers le vieil et vénérable Empereur, on nous crée cette situation qui donne à l'Angleterre le prétexte désiré de nous écraser, en conservant l'apparence hypocrite du droit, c'est-à-dire en donnant son appui à la France, à cause du maintien de la fameuse « balance of power » ; en d'autres termes, on fait marcher tous les États de l'Europe en faveur de l'Angleterre et contre nous ! Maintenant, il faut sans ménagement mettre à nu toutes ces menées, et leur arracher, publiquement, d'une main ferme, le masque de dispositions pacifiques et chrétiennes, et mettre au pilori l'hypocrisie pharisaïque de la paix ! ! Et nos consuls en Turquie et aux Indes doivent enflammer d'une fureur sauvage tout le monde de l'Islam contre cet odieux peuple de boutiquiers, menteur et sans conscience. Car, si nous devons périr, il faut que l'Angleterre perde au moins les Indes. »*

Cette philippique caractérise Guillaume. Après avoir mis, par sa conspiration avec l'Autriche, l'Allemagne dans une situation aussi terrible, il ne cherche pas à savoir comment l'en tirer ; mais il pense seulement à l'effet théâtral qu'il produirait en démasquant sans ménagement toutes les menées de ses adversaires, en arrachant brusquement le masque de dispositions pacifiques et chrétiennes, et en mettant au pilori l'hypocrisie pharisaïque de la paix.

Ses propres « menées », qui ne peuvent pas davantage être mises à nu que les « dipositions pacifiques et chrétiennes » ou l' « hypocrisie pharisaïque de la paix », il les oublie complètement.

Mais, la guerre lui paraît déjà un fait accompli. Le désir ne lui vient pas à l'esprit, après ses pompeuses tirades, de faire effort en vue du maintien de la paix ; il pense seulement à la révolte de tout le monde musulman. Il s'habitue déjà à l'idée que l'Allemagne périra dans la guerre à venir, et sera satisfait pourvu que l'Angleterre n'en sorte pas indemne. Au fond, tout ce verbiage confus ne prouve que son absence complète de réflexion. Le refus de l'Italie et l'avertissement de l'Angleterre frappent l'Empereur à la tête et lui enlèvent tout jugement.

CHAPITRE XV

DERNIERS EFFORTS

POUR LE MAINTIEN DE LA PAIX

L'effet produit sur le Chancelier civil est différent. Il essaie de sauver ce qui peut l'être encore. Mais, pour cela, il est d'une nécessité urgente de montrer enfin à l'allié autre chose que la « fidélité du Niebelung ». La sottise et l'obstination de l'Autriche avaient, non seulement, pour effet une menace de guerre européenne, d'un jour à l'autre, — de cela on se serait accommodé, la possibilité de cette guerre étant prévue d'avance ; — mais elles menaçaient aussi de faire entrer en guerre les Empires centraux dans les conditions les plus défavorables : sans l'Italie, peut-être contre elle et contre l'Angleterre, — et étant chargés, devant leurs propres peuples, du terrible et paralysant reproche d'avoir amené légèrement cette affreuse catastrophe.

Il fallait donc exercer la plus forte pression sur Vienne pour la décider enfin à suivre une politique plus raisonnable.

Mais cette tendance se heurta à une autre, militaire celle-ci, qui, après le commencement des mobilisations, considérait la guerre comme inévitable, et qui, précisément parce que le nombre des ennemis grossissait, poussait à entrer rapidement en campagne ; la seule possibilité de se maintenir était d'obtenir la supériorité militaire par quelques coups surprenants et décisifs qui auraient peut-être entraîné l'Italie hésitante et intimidé l'Angleterre.

Ainsi, deux tendances opposées étaient en lutte, pour

amener une décision de l'Empereur alors flottant. De là, les apparences les plus contradictoires, immédiatement avant l'explosion de la guerre : d'un côté, la pression sur l'Autriche pour le maintien de la paix ; de l'autre, la précipitation de la mobilisation et les déclarations de guerre.

On a vu dans ces contradictions une perfidie calculée, raffinée. Je n'y vois que le résultat de la confusion qui, depuis l'avertissement de l'Angleterre, régnait dans les milieux gouvernementaux d'Allemagne, augmentée encore par l'attitude de l'Autriche. L'influence de cet allié précieux ne doit pas être oubliée. Quelques exemples le prouveront.

Plus la guerre menaçait d'éclater, plus il devenait important de gagner l'Italie. Le 29 juillet, le Chancelier de l'Empire écrivait à Jagow :

« Ne faut-il pas, quand même, envoyer encore un télégramme à Vienne pour déclarer nettement que nous considérons la manière dont elle traite avec Rome la question des compensations comme absolument insuffisante, et que nous lui laissons l'entière responsabilité de ce qui s'ensuivra, relativement à l'attitude de l'Italie dans une guerre éventuelle ? Si, à la veille de la possibilité d'une conflagration européenne, Vienne menace ainsi de faire sauter la Triple Alliance, toute l'alliance commence à chanceler. La déclaration faite à Vienne que, dans le cas de l'occupation permanente de parties du territoire serbe, elle s'arrangerait avec l'Italie, est, du reste, en contradiction avec les assurances de son désintéressement territorial données à Pétersbourg. Les déclarations faites à Rome arriveront avec certitude à la connaissance de Pétersbourg. Nous ne pouvons pas, comme alliés, donner notre appui à une politique à double face.

« Je crois nécessaire de télégraphier. Nous ne pouvons pas continuer à agir en médiateurs à Pétersbourg, et nous traîner complètement à la remorque de Vienne. Je ne veux pas de cela, même au risque d'être accusé de tiédeur.

« Si vous n'avez pas d'objection, je vous prie de me proposer rapidement un télégramme dans le sens indiqué. » (1)

Les pressantes admonitions de ce genre ne servirent de rien auprès des diplomates obstinés de Vienne. Berchtold continuait à donner des réponses évasives ; il fut encore dé-

(1) *Die deutschen Dokumente, etc.*, No 340.

passé par l'ennemi fanatique des Italiens, M. de Merey, dont la sagesse politique autrichienne avait fait un Ambassadeur à Rome. Le 29 juillet, celui-ci écrivait à Vienne que, plus avenante serait l'Autriche, plus arrogante et plus avide deviendrait l'Italie ; le 31 juillet, il se plaignait que, malgré ses conseils, le comte Berchtold, sous la pression du Gouvernement allemand, serait déjà allé, dans une très large mesure, au-devant de l'Italie dans la question des compensations, — ce qui était évidemment une exagération, car on ne pouvait tirer de Berchtold autre chose que des indications imprécises. Jagow avait, au contraire, à se plaindre de Merey, qui n'exécutait pas les instructions à lui adressées dans la question des compensations.

Le comte Berchtold lui-même, rapportait au Conseil des Ministres du 31 juillet, qu'il avait « chargé l'Ambassadeur impérial et royal à Rome de répondre aux demandes de compensations par des phrases vagues, et en même temps d'insister énergiquement à nouveau sur le fait que le Cabinet de Vienne était éloigné de l'idée de faire des acquisitions territoriales. Mais si la Monarchie était forcée de procéder à une occupation qui ne serait pas seulement temporaire, il serait toujours temps d'aborder la question des compensations ». (1)

Par cette politique dilatoire, vraiment aveugle, l'Italie était naturellement perdue pour les puissances centrales.

Mais, sortir du danger de guerre était plus important encore qu'acquérir des alliés.

En présence des mobilisations, ce danger était devenu si grand qu'il fallait, en premier lieu, choisir la voie la plus rapide, pour y échapper. Le Chancelier de l'Empire ne pouvait pas s'y décider, probablement à cause de l'aversion de son Souverain pour toute médiation à quatre, et pour la Cour d'arbitrage de La Haye.

Le 29 juillet au soir, arriva encore ce télégramme du Tsar qui, plus tard, fit tant sensation, parce que dans le Livre blanc allemand, publié au début de la guerre, et qui contenait tous les télégrammes du Tsar de cette époque, celui-ci avait, précisément, été « oublié ». Le voici (2) :

(1) Gooss, page 3o5.
(2) *Die deutschen Dokumente, etc.*, N° 366.

<table>
<tr><td valign="top">

Eh bien, quoi ?

!

Merci également.</td><td valign="top">

« Je Te remercie de Ton télégramme
conciliant et amical. La communication
officielle faite aujourd'hui par Ton Ambas-
sadeur à mon Ministre, était, par contre,
d'un ton tout autre. Je Te prie d'expli-
quer cette différence. Il serait bon de sou-
mettre le problème austro-serbe à la Con-
férence de La Haye. J'ai confiance en Ta
sagesse et en Ton amitié. »

        « Ton Nicky qui T'aime. »

</td></tr>
</table>

Sur ce, Bethmann-Hollweg télégraphiait, sur-le-champ, à
l'Ambassadeur à Pétersbourg :

« Je prie Votre Excellence d'expliquer, par une discussion
immédiate avec M. Sazonow, la prétendue contradiction
entre votre langage et le télégramme de Sa Majesté. L'idée
de la Conférence de La Haye sera naturellement exclue dans
le cas présent. »

En raison de cette aversion pour la voie menant directement à la paix, il n'en restait qu'une, indirecte, consistant
à exercer une pression sur cette Autriche lourde, bornée, où
la guerre avait déjà déchaîné tous les instincts militaristes.

Dans la nuit du 29 au 30 juillet, on n'était plus occupé,
aussi anxieusement que le 28, à éviter de créer l'impression
« que nous désirons retenir l'Autriche. » (Voir page 114).

Le 30 juillet, à trois heures du matin, l'Ambassadeur à
Vienne recevait, du Chancelier de l'Empire, communication
du télégramme de Lichnowsky contenant l'avertissement de
Grey, avec les commentaires suivants :

« Si l'Autriche décline toute médiation, nous sommes donc
en présence d'une conflagration où, selon toute apparence,
l'Italie et la Roumanie ne seraient pas avec nous, et où l'Angleterre serait contre nous ; nous nous trouverions donc tous
deux en opposition avec quatre grandes puissances. Par la
participation de l'Angleterre, le poids principal de la lutte
pèserait sur l'Allemagne. Le prestige politique de l'Autriche,
l'honneur de ses armes et ses revendications justifiées vis-
à-vis de la Serbie, pourraient être suffisamment sauvegardés
par l'occupation de Belgrade ou d'autres places. Par l'humiliation de la Serbie, la Monarchie renforcerait sa position tant

dans les Balkans que vis-à-vis de la Russie. Dans ces circonstances, nous sommes obligés de recommander, de façon urgente, à la considération du Cabinet de Vienne, d'accepter la médiation aux conditions honorables indiquées. Au cas contraire, la responsabilité des conséquences serait excessivement lourde pour l'Autriche et pour nous ». (1)

Plus énergiquement encore s'exprimait la conclusion du télégramme que le Chancelier de l'Empire envoyait à l'Ambassadeur à Vienne, à la même heure, le 30 juillet à 2 heures 55 minutes du matin, en lui communiquant un rapport de Pétersbourg :

« Nous ne pouvons pas demander à l'Autriche-Hongrie de traiter avec la Serbie, avec laquelle elle se trouve en état de guerre. Mais le refus de tout échange de vues avec Pétersbourg serait une faute grave, *parce qu'il provoquerait directement l'intervention guerrière de l'étranger*, que l'Autriche tout d'abord est intéressée à éviter ».

Le télégramme continuait :

« Nous sommes disposés à remplir notre devoir d'allié, *mais nous ne devons pas* nous laisser entraîner *par Vienne*, dans une *conflagration générale, et sans qu'on tienne compte de nos conseils*. Dans la question italienne aussi, Vienne semble ne tenir aucun compte de nos avis.

« *Prière d'en parler immédiatement au comte Berchtold, très énergiquement et très sérieusement.* » (2)

L'Autriche opposait une résistance passive à la pression allemande. Bethmann-Hollweg en fut vraiment au désespoir. Le 30 juillet, à 9 heures du soir, il envoyait à Tschirschky, à Vienne, le télégramme N° 200 :

« Si Vienne, comme il faut le supposer d'après la conversation téléphonique de Votre Excellence avec M. von Stumm, *décline toute concession, en particulier la dernière proposition de Grey*, il est encore à peine possible d'attribuer à la Russie la faute de la conflagration européenne. Sa Majesté, cédant aux demandes du Tsar, est intervenue à Vienne, *parce qu'il ne pouvait pas s'y refuser sans faire naître le soupçon irréfutable que nous voulions la guerre*. La réussite de cette intervention est rendue très difficile, il est vrai, par la mobi-

---

(1) *Die deutschen Dokumente, etc.*, N° 395.
(2) *Ibid.*, N° 396.

lisation russe contre l'Autriche. Nous avons aujourd'hui communiqué ce fait à l'Angleterre, ajoutant que nous avons déjà proposé amicalement à Pétersbourg et à Paris, la suspension des menaces de guerre russes et françaises, et que nous ne pourrions donc faire une nouvelle démarche dans cette direction que par un ultimatum qui signifierait la guerre. C'est pourquoi nous avons insisté auprès de Sir E. Grey, pour qu'il agît, de son côté, énergiquement à Paris et à Pétersbourg dans le même sens, et nous recevons, en ce moment, de Lichnowsky, son assurance à ce sujet. Si l'Angleterre réussit dans ses efforts, tandis que Vienne se refuse à quoi que ce soit, Vienne affirme par là qu'elle veut absolument une guerre où nous serons impliqués, alors que la Russie en demeure innocente. Il en résulterait, vis-à-vis de notre propre nation, une situation absolument intenable pour nous. Nous ne pouvons donc que recommander énergiquement à l'Autriche d'accepter la proposition de Grey, qui sauvegarde sa position sous tous les rapports.

« Votre Excellence voudra bien s'entretenir immédiatement, et de la manière la plus énergique, dans ce sens, avec le comte Berchtold, et, éventuellement aussi, avec le comte Tisza (1). »

On peut aussi, au sujet de ce télégramme, se demander s'il importait plus à Bethmann-Hollweg de maintenir la paix, ou d'attribuer la responsabilité de la guerre à la Russie. Mais la pression sur Vienne existait, et, à la fin, elle devait être exercée, quand même, dans un sens pacifique.

Or, cette pression rencontra la résistance aussi tenace qu'insidieuse de l'Autriche, qui n'eut pas honte de tromper l'allié allemand aussi bien que tout le monde, — en cédant, en apparence, à sa pression, mais en réalité, ne faisant rien de sérieux.

Au Conseil des Ministres de Vienne du 31 juillet, le comte Berchtold disait :

« Sa Majesté a approuvé la proposition qui Lui était faite que le Cabinet de Vienne, tout en évitant soigneusement *d'accepter quant au fond* (2), la proposition anglaise, irait

____

(1) *Die deutschen Dokumente, etc.*, N° 441.

(2) « *In meritorischer* ». Textuellement *dans le méritoire*. (Note du traducteur.)

au-devant de cette proposition dans la *forme* de sa réponse, et qu'il tiendrait compte, ainsi du désir du Chancelier de l'Empire allemand, de ne pas brusquer le Gouvernement (anglais). »

M. le comte ajoutait :

« Si l'action, maintenant, ne se terminait que par un accroissement de prestige, elle aurait été entreprise tout à fait inutilement. *La Monarchie ne tirerait aucun profit d'une simple occupation de Belgrade*, même si la Russie y donnait son assentiment. » (1)

Berchtold informait de son intention de répondre dans une forme très obligeante, à la proposition anglaise, mais de poser, en même temps, des conditions, dont il devait prévoir le refus, et d'éviter d'entrer dans la « partie méritoire », c'est-à-dire, en traduisant le jargon parlementaire autrichien en langage allemand, dans le fond même de la question.

Tisza était complètement d'accord avec Berchtold. Il était également de l'avis, « qu'il serait fatal d'entrer dans le « méritoire » de la proposition anglaise. Les opérations de guerre contre la Serbie devaient continuer en tout cas. Mais on se demandait s'il était nécessaire de communiquer aux puissances, dès ce moment, les nouvelles revendications à faire à la Serbie, et il proposait de répondre à l'initiative anglaise en ce sens que la Monarchie serait prête, en principe, à les examiner de plus près, mais seulement à la condition que les opérations contre la Serbie seraient continuées, et que la mobilisation russe serait arrêtée. »

Ce persiflage évident de la proposition de paix rencontra l'assentiment unanime de ce singulier Conseil des Ministres.

En présence de sa coopération intime avec l'allié, et de l'appui primitivement donné au sabotage de la paix, il ne faut pas s'étonner que le Gouvernement allemand ait été également rendu responsable de cette politique perfide de l'Autriche, qui consistait à faire échouer toute médiation. Mais, de cette dernière faute qui rendait la guerre inévitable, il est innocent. Son compte est assez chargé sans cela.

Après le 29, il chercha à sauver la paix. Le seul obstacle qu'il rencontra fut, comme nous venons de le voir, le Gouvernement autrichien.

____

(1) *Livre rouge autrichien, etc.*, 1919.

A la vérité, il en rencontra encore un autre, plus puissant et plus près de lui.

La dernière instruction du Chancelier de l'Empire à Tschirschky, — la sommation de faire pression sur l'Autriche pour qu'elle cédât, — et dont nous venons de citer le texte, ne fut pas exécutée. Le 30 juillet, à 9 heures du soir, cette dépêche étant partie, une seconde suivait, à 11 h. 20, disant :

« Prière de ne pas exécuter provisoirement l'instruction N° 200. » (1)

Que s'était-il passé dans l'intervalle ?

La réponse nous est donnée par le télégramme suivant du Chancelier de l'Empire à l'Ambassadeur à Vienne :

« J'ai suspendu l'exécution de l'instruction N° 200, parce que l'*État-Major* me communique à l'instant que les préparatifs militaires de nos voisins, surtout de ceux de l'est, exigent *une décision rapide*, si nous ne voulons pas nous exposer à des surprises. L'État-Major désire d'urgence être renseigné, d'une façon complète, sur les décisions prises à Vienne, surtout celles d'ordre militaire. Je vous prie de demander instamment qu'on vous réponde demain. » (2)

Ce télégramme ne fut pas envoyé, mais remplacé par un autre dans lequel la suppression de l'instruction fut expliquée par l'arrivée d'un télégramme du Roi d'Angleterre. (3) Or, il ne fait aucun doute, que la première explication était exacte. On reculait probablement devant l'aveu d'une telle ingérence de l'État-Major dans la politique extérieure. C'est ainsi qu'un nouveau facteur intervient, qui va devenir décisif pour l'explosion de la guerre.

(1) *Die deutschen Dokumente, etc.*, N° 450.
(2) *Ibid.*, N° 451.
(3) *Ibid.*, N° 464.

CHAPITRE XVI

LES MOBILISATIONS

Dès l'origine de la crise, il y avait, chez la plupart des gouvernements, une certaine méfiance, non seulement contre l'Autriche, mais aussi contre l'Allemagne, malgré les vives protestations de Berlin affirmant qu'il avait été aussi surpris que le reste du monde, par l'ultimatum de Vienne.

Le sabotage, par l'Autriche et l'Allemagne, de tous les efforts de médiation tentés jusqu'au 29 juillet, et continué après cette date par l'Autriche seule, désormais en opposition discrète avec l'Allemagne — tout cela faisait apparaître comme de plus en plus douteux l'amour de la paix par les puissances centrales, et augmentait toujours davantage, dans les États de l'Entente, la crainte d'une « conflagration générale ».

Un petit nombre seulement de diplomates étrangers étaient encore convaincus, le 30 juillet, que l'Allemagne était sérieusement occupée à s'entremettre. Parmi eux, se trouvait le Ministre de Belgique à Pétersbourg, M. de l'Escaille qui, le 30 juillet, télégraphiait à son Gouvernement :

« Il demeure incontestable qu'ici, comme à Vienne, l'Allemagne s'est efforcée de trouver quelque moyen d'éviter un conflit général ; mais elle y a rencontré d'un côté, la détermination ferme du Cabinet de Vienne, de ne pas reculer d'un seul pas, et, de l'autre, la méfiance du Cabinet de Pétersbourg, en face des assurances de l'Autriche-Hongrie qu'elle ne pensait qu'à un châtiment, mais non à une prise de possession de la Serbie. »

Cette dépêche, en passant par l'Allemagne, tomba entre

les mains du Gouvernement allemand qui s'empressa de la publier, parce qu'elle prouvait que l'Allemagne aurait travaillé pour la paix avec le plus grand dévouement. Plus tard, le Gouvernement allemand publia encore de nombreux autres rapports de diplomates belges, datant de la décade qui avait précédé la guerre, et qui, tous, parlaient très favorablement de l'amour de la paix manifesté par l'Allemagne. Ce qu'ils attestent, c'est que, précisément parmi les diplomates belges, la confiance en la politique allemande était très forte. Une impression d'autant plus étrange ressort de ce que le Gouvernement allemand, en même temps que ces témoignages, en publia d'autres, destinés à établir que la Belgique, longtemps avant la guerre, conspirait avec l'Angleterre et la France contre l'Allemagne.

Quant à la méfiance du Cabinet de Pétersbourg, rapportée par de l'Escaille, vis-à-vis des assurances de Vienne qu'elle ne porterait pas atteinte à l'intégrité territoriale de la Serbie, cette méfiance n'était pas limitée à Pétersbourg. Le 29 juillet, Bethmann-Hollweg écrivait à Vienne, à Tschirschky :

« Ces remarques des diplomates autrichiens ne portent plus le caractère d'observations privées, mais doivent apparaître comme reflexes de désirs et d'aspirations. Je regarde avec un étonnement croissant l'attitude du Gouvernement de là-bas, et sa manière inégale de procéder envers les différents Gouvernements : à Pétersbourg, il affirme son désintéressement territorial ; il nous laisse dans une obscurité complète sur son programme ; il repaît Rome de bonnes paroles sur la question des compensations ; à Londres, le comte Mensdorff fait cadeau de parties de la Serbie à la Bulgarie et à l'Albanie, et se met en opposition avec les déclarations solennelles de Vienne à Pétersbourg. De ces contradictions, je dois conclure que le désaveu du comte Hoyos, communiqué par le télégramme Nº 83, était destiné à la galerie, et que le Gouvernement de là-bas a conçu des plans qu'il croit devoir nous cacher, afin de s'assurer l'appui allemand en toutes circonstances, et ne pas s'exposer, par leur communication, à un refus éventuel.

« Les observations précédentes sont *d'abord* destinées à servir à l'orientation personnelle de Votre Excellence. Je vous prie seulement d'aviser le comte Berchtold d'obvier à la méfiance qu'inspirent les déclarations faites aux puissances relatives à l'intégrité de la Serbie. » (1)

Entre temps, l'attitude de Bethmann-Hollweg, elle-même, commençait à provoquer une vive méfiance. L'opinion que l'Allemagne voulait la guerre, devenait de plus en plus générale, et le moment fatal arriva où chacun se prépara à la guerre, — préparatifs qui pouvaient d'abord, être faits discrètement, mais qui, à un moment donné, devaient aboutir à la mobilisation ouverte.

Les hommes d'État allemands avaient eux-mêmes prévu les dangers de ce tournant. Dans le rapport si souvent discuté, du 18 juillet, émanant de la Légation de Bavière, il était dit :

« On se passerait d'une mobilisation de troupes allemandes, et on agirait également par l'entremise de nos autorités militaires, de telle manière que l'Autriche ne mobilisât pas toute son armée, et surtout les troupes casernées en Galicie, afin de ne pas produire *automatiquement* une contre-mobilisation de la Russie, qui alors nous forcerait, nous aussi, ainsi que la France, à prendre les mêmes mesures, et provoquerait ainsi la guerre européenne. » (2)

Eisner a malheureusement omis ce passage. Il devait attester l'amour allemand de la paix. Il implique, en effet, que l'Allemagne ne voulait pas, à tout prix, la guerre *européenne*, mais seulement une guerre *serbe*; mais il implique autre chose encore, à savoir que la mobilisation de l'Autriche, devait *automatiquement*, produire la mobilisation russe, et, par suite, la guerre européenne.

Que ceux qui affirment que la Russie avait mobilisé sans aucune raison, et montré par là qu'elle voulait la guerre, se pénètrent de ce mot « automatiquement ».

Celui qui, en toutes circonstances, tenait au maintien de la paix, devait, évidemment, avant tout, ne pas admettre la déclaration de guerre à la Serbie. Quand ce pas fatal fut franchi, il y eut partout une atmosphère d'inquiétude qui conduisit à la mobilisation générale. Si on avait voulu l'empêcher, il eût fallu, à tout le moins, se tenir dans les limites du programme qu'avait développé le rapport bavarois ; il eût

(1) *Die deutschen Dokumente, etc.,* N° 361.
(2) *Ibid., Anhang, IV,* N° 2.

fallu empêcher de mobiliser d'une manière inquiétante pour la Russie.

Ce ne fut pas fait.

La mobilisation autrichienne fut assez impénétrable, mais Bethmann-Hollweg, parlant de la mobilisation russe qu'il déclarait injustifiée, admettait lui-même, le 4 août, dans son discours de guerre que :

« L'Autriche-Hongrie n'avait mobilisé que ses corps d'armée dirigés immédiatement contre la Serbie, et *dans le nord*, deux corps d'armée seulement, loin de la frontière russe. »

Déjà, le 25 juillet, l'Autriche avait commencé la mobilisation de huit corps d'armée, ce qui devait conduire « automatiquement » à la mobilisation russe, comme le Gouvernement allemand s'en rendait bien compte.

Et il devait savoir également que la mobilisation partielle par laquelle on commençait, aurait aussi automatiquement pour conséquence la mobilisation générale. Celle-ci eut lieu le 31 juillet, presque simultanément en Autriche et en Russie. Les Russes affirmaient que l'Autriche avait été la première à prendre cette mesure.

L'Ambassadeur de France à Pétersbourg, Paléologue, rapportait le 31 juillet :

« En raison de la mobilisation générale de l'Autriche et des mesures de mobilisation prises secrètement, mais d'une manière continue, par l'Allemagne, depuis six jours, l'ordre de mobilisation générale de l'armée russe a été donné... » (1)

Le 1er août, l'Angleterre et la France mobilisaient, exactement comme le rapport bavarois l'avait prédit.

Dans les milieux gouvernementaux allemands eux-mêmes, on n'expliquait pas la mobilisation russe par des intentions belliqueuses du Gouvernement russe. Le 30 juillet, le chargé d'affaires militaire à Pétersbourg télégraphiait :

« J'ai l'impression qu'on a mobilisé ici de crainte des événements futurs, mais sans intentions agressives. » (2)

Même après la mobilisation générale russe du 31 juillet, Bethmann-Hollweg observait à Lichnowsky, à Londres :

« Je ne crois pas impossible d'expliquer la mobilisation

<hr>

(1) *Livre jaune français*, 1914, Nº 118.
(2) *Die deutschen Dokumente*, etc. Nº 445.

russe par les bruits absolument faux, et aussitôt démentis officiellement, de la mobilisation allemande, qui, hier, circulaient ici même et ont pu être rapportés à Pétersbourg. » (1)

Mais, même si les mobilisations ne découlaient que de raisons défensives, elles augmentaient énormément la tension générale.

Le danger de la situation prenait aussi des proportions énormes. A côté des diplomates, les hommes des États-Majors avaient maintenant la parole, au moment même où le Chancelier « civil » faisait volte-face dans le sens de la paix. La tâche de l'État-Major n'était pas d'*empêcher* la guerre, qu'il considérait déjà comme inévitable, mais au contraire, de *gagner* la guerre. Et les chances de victoire étaient d'autant plus grandes qu'on frapperait vite et qu'on laisserait moins de temps à l'adversaire pour réunir ses forces. Ainsi, les efforts du Chancelier pour sauver la paix, ne se présentaient qu'au moment où sa politique belliqueuse antérieure avait déjà mis au premier plan une forte impulsion guerrière.

Des preuves de l'ingérence de l'Etat-Major allemand dans la politique, existent déjà à partir du 29 juillet. Ce jour-là, il adressa au Ministère des Affaires étrangères un exposé relatif, non à la situation *militaire*, mais à la situation *politique*, dont l'explication au Chancelier de l'Empire n'était pourtant pas une de ses fonctions. Le titre de cet exposé était : « Pour juger de la situation *politique* ». Il débutait par les observations suivantes :

« Il ne serait question pour aucun État de l'Europe d'envisager le conflit entre l'Autriche et la Serbie avec un autre intérêt que l'intérêt humain, si le danger de complications politiques générales n'y avait été introduit, danger qui, dès aujourd'hui, menace de déchaîner une guerre universelle. Depuis plus de cinq ans, la Serbie est cause d'une tension européenne qui pèse sur la vie politique et économique des peuples d'un poids qui, à longue, devient intolérable. *Avec une longanimité qui frise la faiblesse,* l'Autriche a supporté, jusqu'ici, les continuelles provocations et le travail politique souterrain, destinés à la désagréger, d'un peuple qui, de

_____

(1) *Die deutschen Dokumente, etc.,* N° 488.

régicide dans son propre pays, a procédé à l'assassinat de princes dans le pays voisin. C'est seulement après le dernier et abominable crime qu'elle a eu recours aux moyens extrêmes *pour cautériser au fer rouge un ulcère* qui menaçait continuellement d'empoisonner le corps de l'Europe. On aurait cru que l'Europe tout entière, aurait dû lui en savoir gré. Toute l'Europe aurait respiré si le perturbateur avait été châtié d'une manière convenable, et la tranquillité et l'ordre dans les Balkans en eussent été rétablis. *Mais la Russie prit le parti de ce pays criminel.* C'est ainsi que l'affaire austro-serbe devint le nuage gros d'orage qui, à chaque instant, menaçait de se déverser sur l'Europe. » (1)

Et ainsi de suite. Telles étaient les leçons politiques que l'État-Major donnait au Chancelier de l'Empire, et que celui-ci acceptait avec une soumission complète. Sur la conception historique des hommes de l'État-Major, il n'est pas nécessaire d'insister. Indiquons seulement qu'ils faisaient du régicide serbe, un acte du *peuple* serbe. Ils avaient déjà oublié que c'étaient leurs *camarades* qui avaient appliqué cette procédure.

Ce rapport faisait ensuite allusion au fait que la Russie aurait déclaré vouloir mobiliser. C'est ainsi que l'Autriche était forcée de mobiliser, non seulement contre la Serbie, mais aussi contre la Russie. Partant, la collision des deux États devenait *inévitable.*

« Mais c'est le *casus foederis* pour l'Allemagne. Seul, un miracle pourrait encore empêcher la guerre.

« L'Allemagne ne veut pas être cause de cette guerre terrible. Mais le Gouvernement allemand sait qu'il blesserait fatalement les sentiments de fidélité à l'alliance, *l'un des plus beaux traits de l'âme allemande,* en qui ils sont profondément enracinés, et qu'il se mettrait en opposition avec tous les sentiments de son peuple, s'il ne venait pas en aide à son allié, à un moment qui peut être décisif pour son existence elle-même. » (2)

L'Allemagne ne voulait donc pas « être cause de cette guerre terrible » ; mais « un des plus beaux traits de l'âme allemande », que l'État-Major allemand représentait d'une

(1) *Die deutschen Dokumente, etc.,* Nᵒ 349.
(2) *Ibid.,* Nᵒ 349.

manière si insigne, l'y forçait, à savoir, la fidélité au pacte de
conjuration du 5 juillet, qui appartenait aussi aux « plus beaux
traits de l'âme allemande ».

Après cet appel au sentiment allemand, l'État-Major devenait très désagréable :

« D'après les nouvelles reçues, la France aussi paraît
prendre des mesures préparatoires à une mobilisation éventuelle. Il est évident que la Russie et la France procèdent
d'un commun accord.

« L'Allemagne mobilisera donc, si la collision entre l'Autriche et la Russie est inévitable, et sera prête à faire la
guerre sur deux fronts.

« En ce qui concerne les mesures militaires que nous
entendons prendre le cas échéant, il est de la plus haute
importance de savoir bientôt avec précision si la Russie et
la France ont l'intention de risquer une guerre contre l'Allemagne. La mobilisation de nos voisins pourra être terminée
d'autant plus vite que leurs préparatifs auront été plus rapides.
En conséquence, la situation militaire devenant de jour en
jour plus défavorable pour nous, elle peut amener des conséquences qui nous seraient fatales, si nos adversaires pré-
sumés continuaient de se préparer tout à leur aise. » (1)

Qu'on fasse attention à ce langage ! L'État-Major n'informait pas le Gouvernement qu'il avait fait tous les préparatifs
pour mobiliser dès qu'il en recevrait l'ordre ; mais il com-
mandait tout simplement : l'Allemagne mobilisera, dès que
la collision entre l'Autriche et la Russie sera inévitable. En
même temps, il déclarait avec une égale précision qu'un
miracle, seul, pourrait empêcher cette collision.

Mais la mobilisation, d'après les principes de l'État-Major
allemand, c'est la guerre. Il proclame donc, déjà, la guerre
« sur deux fronts » et demande qu'on frappe au plus vite,
parce que « la situation militaire devient de jour en jour
plus défavorable pour nous ».

C'est là le sens de cette proclamation de l'État-Major au
Chancelier de l'Empire. Par elle, l'organisation centrale de
l'armée élève la prétention de prendre en mains les décisions
relatives à la politique et d'accélérer une décision belliqueuse, au moment même où le pouvoir civil se prépare à

_____

(1) *Die deutschen Dokumente, etc.*, N° 349

céder, à faire un pas, ne fût-ce qu'un petit pas, vers la paix.

Il est vrai que le Chancelier de l'Empire n'abdiqua pas tout à fait sans lutte. Nous en fûmes instruits pendant la guerre, notamment par un petit écrit dont l'auteur se dissimulait sous le pseudonyme de « Junius alter » et qui exposait le point de vue du parti de la guerre. On y disait :

« Sur l'activité officielle du Chancelier immédiatement avant l'explosion de la guerre... l'impression d'ensemble est que ses efforts tendirent, jusqu'au dernier moment — et sans égard pour les conséquences militaires — à empêcher à tout prix l'explosion du conflit, devenu depuis longtemps inévitable. En vain, le Chef de l'État-Major, le Ministre de la Guerre et les autorités compétentes de la Marine, le pressaient d'obtenir l'ordre de mobiliser ; ils réussirent bien, le jeudi (30 juillet) à convaincre, à moitié, l'Empereur de la nécessité absolue de cette mesure, de telle sorte que l'après-midi de ce jour, des organes de la police de Berlin et une édition spéciale du *Lokalanzeiger* annonçaient déjà la mobilisation. Mais l'intervention de M. de Bethmann-Hollweg réussissait à empêcher l'ordre décisif et libérateur (!) Comme précédemment, et sans se laisser ébranler, il tenait ferme à son espoir d'aboutir, avec l'appui de l'Angleterre, à amener un accord entre Vienne et Pétersbourg, et de nouveau, deux jours précieux furent perdus, qui nous ont coûté non seulement une partie de l'Alsace (1), mais aussi des torrents de sang. De même, le 1er août aurait aussi été inutilisé si les autorités militaires dirigeantes ne lui avaient déclaré, en fin de compte, que, si l'ordre de mobilisation traînait encore, ils ne pourraient plus accepter la grave responsabilité qui pesait sur eux...

« Mais, même après l'ordre de mobilisation, M. de Bethmann-Hollweg faisait une dernière tentative pour en obtenir le retrait, *mais c'était heureusement trop tard* ; les autorités militaires qui avaient plus d'intelligence politique l'avaient emporté dans la douzième heure. » (2)

Les accusations (!) de M. Junius alter confirment le rap-

----

(1) L'écrit dont il est question avait été publié pendant la guerre, alors que les armées françaises avaient reconquis la région de Thann (Note du traducteur).

(2) Pages 19 et 20.

port de l'Ambassadeur de France à Berlin du 30 juillet,
M. Cambon communiquait :

« Un des ambassadeurs avec lequel je suis le plus lié a vu,
à deux heures, M. Zimmermann. D'après le Sous-Secrétaire
d'État, les autorités militaires pressent beaucoup pour que la
mobilisation soit décrétée, parce que tout retard fait perdre
à l'Allemagne quelques-uns de ses avantages. Cependant,
jusqu'à présent, on aurait réussi à combattre la hâte de
l'État-Major qui, dans la mobilisation, voit la guerre... J'ai
les plus fortes raisons de penser, d'ailleurs, que toutes les
mesures de mobilisation qui peuvent être réalisées avant la
publication de l'ordre général de mobilisation sont prises ici,
où l'on voudrait nous faire publier notre mobilisation les
premiers pour nous en attribuer la responsabilité. » (1)

Bethmann-Hollweg n'était pas seul à lutter contre la proclamation prématurée de la mobilisation, c'est-à-dire, d'après
la conception allemande, de la guerre. Avec lui, d'autres
membres du Ministère des Affaires étrangères luttaient, qui
savaient très bien dans quelles conditions internationales
défavorables, l'Allemagne entrait en guerre, et qui ne voulaient pas briser, avant l'heure, la faible trame de paix qui
avait été enfin tissée à la dernière minute.

Ainsi, le baron belge Beyens, rapporte, le 1ᵉʳ août, de
Berlin à Bruxelles :

« A six heures du soir (2), aucune réponse de Pétersbourg
à l'ultimatum du Gouvernement impérial n'étant encore
arrivée, MM. de Jagow et Zimmermann se rendirent chez le
Chancelier et chez l'Empereur, pour obtenir que l'ordre de
mobilisation générale ne soit pas encore donné aujourd'hui.
Mais ils rencontrèrent l'opposition inébranlable du Ministre
de la Guerre et des chefs de l'armée qui représentèrent à
l'Empereur les suites pernicieuses d'un retard de vingt-
quatre heures. L'ordre fut donné immédiatement. »

Le récit donné par Tirpitz dans ses *Souvenirs* est en contradiction frappante avec ces rapports. D'après lui, Bethmann-
Hollweg aurait poussé lui-même, le dernier jour avec une
extrême énergie, à la mobilisation, et il aurait insisté, con-
trairement à Moltke, pour qu'à la mobilisation fût immé-

(1) *Livre jaune français*, 1914, Nᵒ 105.
(2) Il faudrait lire cinq heures.

diatement liée la déclaration de guerre. (Pages 239 à 241.)

Ces contradictions demandent encore à être élucidées. Mais une chose est certaine : la perplexité des milieux gouvernementaux, qui avait commencé le 29 juillet, avait rapidement augmenté de jour en jour, ainsi que les antagonismes de ces milieux. Bethmann-Hollweg n'était plus maître des forces qu'il avait réveillées. Il ne savait pas lui-même à quel degré il avait raison, lorsqu'il déclarait le 30 juillet, au Conseil des Ministres prussien : « La direction m'échappe ; les événements vont suivre leur cours ».

CHAPITRE XVII

LA DÉCLARATION DE GUERRE A LA RUSSIE

L'affolement général se fit jour clairement lors de la déclaration de guerre à la Russie. Cette dernière avait ordonné la mobilisation générale en même temps que l'Autriche, le 31 juillet au matin. L'une et l'autre avaient déclaré que la mobilisation était seulement une mesure de précaution, mais n'était pas encore la guerre. Les négociations ne devaient pas être interrompues par elle.

Ainsi, l'Ambassadeur de Russie à Vienne rapportait, le 31 juillet à Pétersbourg :

« Malgré la mobilisation générale, je continue à échanger des vues avec le comte Berchtold et ses collaborateurs. » (1)

Que l'Allemagne, à la nouvelle de la mobilisation russe, ait également mobilisé, c'était fort compréhensible. Tous les États mobilisaient alors, même la Hollande. Si l'Allemagne, comme toutes les autres nations, même la France, avait considéré la mobilisation comme une simple mesure de précaution, il n'y aurait rien eu à objecter à ce procédé.

L'Ambassadeur d'Allemagne à Paris, de Schön, rapportait le 1er août, à Berlin :

« Le Président du Conseil m'a déclaré que la mobilisation qui vient d'être ordonnée ici, ne signifie aucunement que l'on ait des tendances agressives, ce qui est également affirmé dans la proclamation. Il serait temps encore de continuer les

(1) *Livre orange russe*, 1914, No 66.

négociations sur la base de la proposition de Sir E. Grey à laquelle la France avait donné son assentiment et qu'elle recommandait chaleureusement.

« Pour éviter des collisions à la frontière, du côté français, des précautions seraient prises, notamment par l'établissement d'une zone de dix kilomètres.

« Le Président ne pouvait pas renoncer à l'espoir de maintenir la paix. » (1)

Si l'Allemagne accompagnait sa mobilisation des mêmes assurances, les négociations pouvaient continuer, en effet, et aboutir à un résultat pacifique. En 1913, la Russie et l'Autriche n'avaient-elles pas mobilisé sans que la guerre eût éclaté? Nous avons vu qu'une des raisons pour lesquelles Guillaume croyait nécessaire la guerre contre la Serbie, quoique la réponse serbe en eût écarté toute cause, avait été le fait que l'Autriche mobilisait maintenant pour la troisième fois. Si cela avait lieu de nouveau, sans que l' « armée », c'est-à-dire MM. les Officiers, voient satisfait « l'honneur de leurs armes », des conséquences fâcheuses devaient en résulter.

Tirpitz considérait, le 1er août, la déclaration de guerre comme une faute; Moltke ne lui attribua, ce jour-là, « aucune valeur », ainsi que le remarque Tirpitz.

Donc, mobilisation ne devait pas signifier guerre. Elle pouvait être suivie, au dernier moment, non pas d'une issue sanguinaire, mais de la démobilisation, si on arrivait à s'entendre dans l'intervalle.

Dans la dépêche du 31 juillet à Pétersbourg, où il fit entrevoir la mobilisation de l'Allemagne, Bethmann-Hollweg se plaignait que la Russie eût mobilisé, en dépit des négociations pendantes (2). Mais l'Autriche, malgré les négociations pendantes, avait non seulement mobilisé, mais déclaré la guerre à la Serbie et bombardé Belgrade. Si cela ne rendait pas impossibles les négociations, il ne fallait pas prendre au tragique la simple mobilisation de la Russie.

Ce n'était pas sur ce seul point que le Chancelier de l'Empire voyait la paille dans l'œil de la Russie, mais non la poutre dans celui de l'Autriche. Il demandait que la Russie

(1) *Die deutschen Dokumente, etc.*, N° 598.
(2) *Ibid.*, N° 490.

fît cesser immédiatement toute mesure de guerre, non seulement contre l'Allemagne, mais aussi contre l'Autriche, sans promettre une action correspondante de la part de cette dernière. S'il désirait voir décliner sa demande, c'est en ces termes qu'il devait la formuler.

Mais la dépêche du Chancelier de l'Empire ne paraît pas moins étrange si on la compare à celle qu'il expédiait en même temps à Schön pour être communiquée au Gouvernement français. Nous juxtaposons ces deux documents :

<table>
<tr><td>

NOTE A LA RUSSIE.

« Bien que les négociations en vue d'une médiation soient encore pendantes, et que nous n'ayons encore pris nous-mêmes jusqu'ici aucune espèce de mesure de mobilisation, la Russie a mobilisé, contre nous également, la totalité de ses forces de terre et de mer. Les mesures de la Russie nous obligent, pour assurer la sécurité de l'Empire, à proclamer l'imminence du danger de guerre, ce qui n'est pas encore la mobilisation. Mais celle-ci suivra si, dans un délai de douze heures, la Russie ne suspend pas toutes mesures de guerre contre nous et contre l'Autriche-Hongrie, et ne donne pas d'explication précise à leur sujet. Prière d'informer de suite M. Sazonow et de télégraphier l'heure de la transmission. » (1)

</td><td>

NOTE A LA FRANCE.

« Malgré notre action médiatrice encore en cours, et bien que nous n'ayons encore pris, nous-mêmes, aucune mesure de mobilisation, la Russie a décrété contre nous la mobilisation de toutes ses forces de terre et de mer. Nous avons, en conséquence, déclaré l'imminence du danger de guerre, qui sera suivi de la mobilisation, au cas où, dans le délai de douze heures, la Russie n'aurait pas suspendu ses menaces de guerre contre nous et contre l'Autriche. *La mobilisation signifiera inévitablement la guerre.* Prière de demander au Gouvernement français s'il entend rester neutre dans une guerre *russo-allemande*. Réponse doit être donnée dans les dix-huit heures. Télégraphier aussitôt l'heure où la demande aura été faite. C'est de la plus grande urgence. » (2)

</td></tr>
</table>

On voit que les deux déclarations, abstraction faite de la conclusion destinée spécialement à la France, concordent presque littéralement, une phrase exceptée : on communique à la France que la mobilisation signifie inévitablement la

(1) *Die deutschen Dokumente, etc.* N° 490.
(2) *Ibid.*, N° 491.

guerre. Dans le *texte destiné à la Russie, cette phrase décisive* qui, de la communication, faisait un ultimatum, *manquait*.

Pourquoi cela? On peut expliquer l'omission par deux motifs très différents : d'un côté, le désir de l'État-Major de ne pas surexciter la Russie avant l'heure ; de lui laisser croire encore que, malgré la mobilisation, on pourrait continuer à négocier, et de la détourner ainsi d'une précipitation exceptionnelle dans sa mobilisation. Mais, l'omission pouvait aussi correspondre au désir du Chancelier civil de ne pas rompre tous les ponts malgré la mobilisation.

En effet, en Russie, on ne prit pas encore la communication du Gouvernement allemand comme un ultimatum.

A minuit, Pourtalès remit à M. Sazonow la dépêche du Chancelier de l'Empire.

Le lendemain, 1er août, à deux heures après-midi, le Tsar répondait dans un télégramme à Guillaume :

« J'ai reçu Ton télégramme. Je comprends que Tu sois forcé de mobiliser, mais je voudrais obtenir de Toi la même garantie que celle que je T'ai donnée, à savoir que ces mesures ne signifient pas la guerre et que nous continuerons à négocier pour le salut de nos deux pays et de la paix générale qui est si chère à notre cœur. Notre amitié de longue date réussira, avec l'aide de Dieu, à empêcher l'effusion du sang. Plein de confiance, j'attends d'urgence Ta réponse. » (1)

Le candide Nicky ne s'avisa pas que son ami de longue date « Willy », lui avait déjà, à ce moment, adressé la déclaration de guerre, et avait, par là, commencé la guerre.

§ 2. — LA JUSTIFICATION DE LA DÉCLARATION DE GUERRE

Guillaume s'était terriblement pressé pour faire cette déclaration de guerre, aussi pressé que les Autrichiens l'avaient été, le 25 juillet, envers les Serbes.

A midi, le délai expirait, après lequel, selon la déclaration du Chancelier de l'Empire, l'Allemagne devait mobiliser si la Russie ne démobilisait pas à l'instant et dans toutes les directions, — tandis que la mobilisation générale autrichienne

(1) *Die deutschen Dokumente, etc.*, N° 546.

continuait et que la guerre contre la Serbie s'étendait.

A une heure, il n'y avait pas d'ordre de mobilisation, mais la *déclaration de guerre* était déjà envoyée à Pétersbourg.

Le *Livre blanc* allemand, qui reproduit en langue allemande tous les autres documents, y compris ceux conçus en langues étrangères, par exemple l'échange de télégrammes entre l'Empereur et le Tsar, ne publie qu'en langue française, pudiquement, la déclaration de guerre à la Russie, si importante pour chaque Allemand. Elle le méritait. En voici le texte :

« Le Gouvernement Impérial s'est efforcé, dès les débuts de la crise, de la mener à une solution pacifique. Se rendant à un désir qui Lui en avait été exprimé par Sa Majesté l'Empereur de Russie, Sa Majesté l'Empereur d'Allemagne, d'accord avec l'Angleterre, S'était appliquée à accomplir un rôle médiateur auprès des Cabinets de Vienne et de Saint-Pétersbourg, lorsque la Russie, sans en attendre le résultat, procéda à la mobilisation de la totalité de ses forces de terre et de mer.

« A la suite de cette mesure menaçante, motivée par aucun préparatif militaire de la part de l'Allemagne, l'Empire Allemand se trouva vis-à-vis d'un danger grave et imminent. Si le Gouvernement Impérial eût manqué de parer à ce péril, il aurait compromis la sécurité et l'existence même de l'Allemagne. Par conséquent, le Gouvernement Allemand se vit forcé de s'adresser au Gouvernement de S. M. l'Empereur de toutes les Russies en insistant sur la cessation desdits actes militaires. La Russie $\frac{\text{ayant refusé de faire droit}}{\text{n'ayant pas cru devoir répondre}}$ à cette demande et ayant manifesté par $\frac{\text{ce refus}}{\text{cette attitude}}$ que son action était dirigée contre l'Allemagne, j'ai l'honneur, d'ordre de mon Gouvernement, de faire savoir à Votre Excellence ce qui suit :

« S. M. l'Empereur, mon Auguste Souverain, au nom de l'Empire, *relève le défi* et Se considère en état de guerre avec la Russie. » (1)

---

(1) Reproduction littérale du texte officiel, en langue française, de la déclaration de guerre de l'Allemagne à la Russie. (*Die deutschen Dokumente*, etc., N° 542.)

Cette déclaration de guerre était accompagnée du télégramme suivant à Pourtalès :

« Au cas où le Gouvernement russe ne donnerait pas de réponse satisfaisante à notre demande, que Votre Excellence veuille bien lui transmettre cet après-midi à cinq heures, (heure de l'Europe centrale), la déclaration suivante... » (1)

Dans la déclaration même, une phrase fut donnée en deux versions parmi lesquelles celle qui correspondrait à la réponse de Sazonow, devrait être choisie.

Que s'était-il passé, dans l'intervalle, à Pétersbourg ?

Pourtalès y avait communiqué l'avertissement du Chancelier de l'Empire que l'Allemagne se verrait forcée de mobiliser si la Russie ne démobilisait pas ses frontières allemande et autrichienne. Il télégraphiait de Pétersbourg à une heure du matin, le 1er août :

« J'ai exécuté l'ordre, à l'instant, à minuit. M. Sazonow indiqua de nouveau l'impossibilité technique de cesser les mesures de guerre, et essaya encore de me convaincre que nous exagérions l'importance de la mobilisation russe qui n'était pas comparable à la nôtre. Il me pria d'indiquer d'urgence à Votre Excellence que l'obligation du Tsar, prise sur parole d'honneur, dans le télégramme d'aujourd'hui de Sa Majesté l'Empereur Nicolas à Sa Majesté l'Empereur et Roi, devait nous tranquilliser sur les intentions de la Russie. Je rappelais que le Tsar ne prenait pas l'obligation de se désister d'une action guerrière en toutes circonstances, mais seulement aussi longtemps qu'on entrevoyait la possibilité d'un arrangement du différend russo-autrichien au sujet de la Serbie. Je posai directement la question au Ministre et lui demandai s'il pouvait me donner la garantie que, même si un accord avec l'Autriche ne s'ensuivait pas, la Russie serait disposée à maintenir la paix. Le Ministre ne pouvait pas me donner une réponse affirmative sur cette question. Dans ce cas, je répondis qu'on ne pourrait nous en vouloir de n'être pas disposés *à laisser prendre à la Russie une avance plus grande dans la mobilisation* ». (2)

C'est tout. Il manque aussi à cette conversation l'indication la plus discrète du principe, affirmé si rudement à la

____

(1) *Die deutschen Dokumente, etc.*, No 542.
(2) *Ibid.*, No 536.

France, que la mobilisation de l'Allemagne était équivalente à une déclaration de guerre. Et, maintenant, voici le télégramme décisif de Pourtalès qui, parti de Pétersbourg le 1ᵉʳ août, à huit heures du soir, ne parvint plus à son destinataire, le Ministère des Affaires étrangères de Berlin :

« A sept heures, heure russe, après déchiffrement, j'ai demandé à M. Sazonow, à trois reprises, l'une après l'autre, s'il pouvait me donner la déclaration demandée dans le télégramme Nᵒ 153, au sujet de l'arrêt des mesures de guerre contre nous et l'Autriche. Après une triple réponse négative à cette question, j'ai remis la note ordonnée. » (1)

M. de Pourtalès était si pressé de la remettre qu'il ne s'aperçut pas même qu'elle contenait une rédaction double de la raison de la déclaration de guerre allemande. Les deux versions furent remises au Gouvernement russe, ce qui est bien un cas unique dans une déclaration de guerre.

Du reste, le Chancelier de l'Empire dut être quelque peu embarrassé de cette façon de déchaîner la guerre.

Déjà, la rédaction de la dernière phrase de la proclamation de guerre avait présenté des difficultés.

Une proposition avait eu cette teneur :

« Sa Majesté l'Empereur, mon Auguste Souverain, au nom de l'Empire, déclare accepter la guerre qui Lui est octroyée ».

C'était en mauvais français, car « octroyer » ne correspond en langue allemande qu'à « aufzwingen » ; en langue française, il est synonyme de « accorder » (gewähren) ou de « concéder » (bewilligen).

C'est, peut-être, pour cette raison qu'on remplaça « octroyée » par « imposée », ce qui, en bon français, correspondait à « aufgezwungen ».

Mais, la difficulté n'était pas dans les mots ; elle était dans les faits. On sentait qu'après tout ce qui s'était passé, on ne pouvait guère appeler la guerre, une guerre imposée à l'Allemagne. Plus tard seulement, quand l'enthousiasme nécessaire eut été produit, on en trouva le courage. On choisit donc la forme compliquée qu'on a lue : « Sa Majesté l'Empereur, mon Auguste Souverain, au nom de l'Empire, relève le défi et Se considère en état de guerre avec la Russie ».

(1) *Die deutschen Dokumente, etc.*, Nᵒ 588.

La guerre « imposée » devenait un simple « défi » que l'Empereur « relevait » en « considérant » la guerre comme ayant éclaté.

C'est dans cette forme faible et abstruse que la déclaration de la plus terrible de toutes les guerres fut faite, guerre que les motifs les plus pressants auraient seuls pu justifier. Mais on n'en trouvait pas, quoique, dès le début de la crise, Bethmann-Hollweg eût pris le plus grand soin de mettre la Russie dans son tort et de décharger sur elle toute la responsabilité de la guerre à venir.

En outre, quand arriva le télégramme du Tsar, qui admettait la justification de la mobilisation allemande, mais contestait qu'elle signifiât nécessairement la guerre, ces messieurs du Département des Affaires étrangères durent considérer leur déclaration de guerre doublement injustifiée ; sinon, on ne comprendrait pas qu'ils eussent fait encore, après coup, effort pour empêcher la proclamation de la mobilisation qui n'avait pas encore été annoncée. Ils ne réussirent pas. A cinq heures l'ordre de mobilisation générale était donné. Le Chancelier « civil » n'était pas encore tranquille. Nous avons déjà cité le récit de « Junius alter », disant qu'après la proclamation de la mobilisation, M. de Bethmann-Hollweg faisait encore une dernière tentative pour obtenir la révocation de l'ordre ; mais il était « heureusement trop tard ».

Ces lignes doivent avoir trait au fait suivant : quoique, à une heure de l'après-midi, la déclaration de guerre eût déjà été envoyée à Pétersbourg, à neuf heures quarante-cinq du soir encore, le Chancelier soumettait à l'Empereur le projet d'un télégramme au Tsar, où des négociations étaient à nouveau proposées, et où « Willy », comme Guillaume signait encore à cette heure, déclarait :

« Une réponse immédiate, claire et non équivoque, de Ton Gouvernement (1) est le seul moyen de conjurer une calamité incommensurable. Je dois Te demander catégoriquement de donner sans retard l'ordre à Tes troupes de ne porter, en aucun cas, la moindre atteinte à nos frontières. » (2)

Ce télégramme, remis au bureau télégraphique central, à

(1) Celui de Nicky.
(2) *Die deutschen Dokumente*, etc., N° 600.

dix heures trente minutes du soir, neuf heures après l'expédition de la déclaration de guerre, est bien l'un des épisodes les plus étranges de l'affreuse comédie des erreurs et des confusions du 1er août. Aussi, il excita l'étonnement le plus vif à Pétersbourg. Pourtalès rapporte encore de cette ville trois heures avant son départ pour Stockholm :

« En ce moment, M. Sazonow me demande par téléphone comment expliquer le fait suivant : Sa Majesté l'Empereur de Russie aurait reçu il y a quelques heures, un télégramme de notre Auguste Souverain, daté de dix heures quarante-cinq minutes du soir, et dont la conclusion exprimait la demande que l'Empereur Nicolas ordonnât à Ses troupes de ne franchir la frontière en aucun cas. M. Sazonow désire savoir comment je m'explique cette demande après que je lui ai, hier soir, remis la note en question (1). J'ai répondu ne pouvoir trouver d'autre explication que celle-ci : probablement le télégramme de mon Empereur avait dû être, déjà, expédié *avant-hier* à dix heures quarante-cinq minutes du soir. » (2)

En effet, le télégramme du 1er août, à dix heures quarante-cinq du soir, était inexplicable. La seule explication exacte ne vint naturellement pas à l'esprit de l'Ambassadeur d'Allemagne ; s'il s'en était avisé, il se serait gardé d'en faire part. C'était celle-ci : *Son « très gracieux Souverain » et ses conseillers avaient tous perdu la tête.*

§ 3. — LE COMMENCEMENT DE LA GUERRE PAR LA RUSSIE

Puisque Guillaume et ses gens n'avaient plus la possibilité de réparer le mal qu'ils avaient fait — car, comme le remarque triomphalement le patriote allemand Junius alter : « il était heureusement trop tard », — et que les raisons de leur déclaration de guerre devaient leur paraître à eux-mêmes complètement insuffisantes, ils se mirent à la recherche d'un prétexte qui pût faire, de la Russie, l'auteur de la guerre mondiale. Ce tour fut joué dans le *Mémoire* que le Chancelier de l'Empire soumit au Reichstag le 3 août : Il y est dit en

(1) La déclaration de guerre.
(2) *Die deutschen Dokumente, etc.,* N° 666.

passant que l'Allemagne avait déclaré que, si sa demande de démobilisation n'était pas satisfaite, elle se considèrerait comme « en état de guerre », et on continue :

« Avant qu'une communication de l'exécution de cet ordre nous fût parvenue, les troupes russes, dès l'après-midi du 1ᵉʳ août, c'est-à-dire l'après-midi même où le télégramme susmentionné du Tsar était envoyé, franchissaient notre frontière et avançaient en territoire allemand.

« *Ainsi, la Russie a commencé la guerre contre nous.* »

De tous les mirifiques arguments que le Ministère des Affaires étrangères émit alors pour justifier la guerre, celui-ci est bien le plus surprenant. Qu'on y réfléchisse ! Le Gouvernement allemand donne l'ordre à son Ambassadeur à Pétersbourg de déclarer la guerre à la Russie à cinq heures. L' « après-midi » du même jour, des troupes russes franchissent la frontière allemande ; donc, conclut ainsi ce même gouvernement, la Russie a *commencé* la guerre, car cela s'est produit à un moment où on était encore sans nouvelles à Berlin de la déclaration de guerre faite à Pétersbourg.

Ainsi, une déclaration de guerre n'est pas effective à partir du moment où elle a été faite, mais seulement depuis le moment où celui qui l'a faite, est instruit que l'adversaire a reçu la déclaration.

Peut-être les Russes ont-ils franchi la frontière avant six heures, heure à laquelle la déclaration de guerre avait effectivement été prononcée à Pétersbourg? Le *Mémoire* allemand veut le faire croire en disant que le fait avait eu lieu « déjà l'après-midi ».

Pour décider si, réellement, la Russie a commencé la guerre, il serait de la plus haute importance de connaître exactement les détails de la violation de la frontière. Si, quelque part, deux ou trois cosaques l'ont franchie arbitrairement, cela ne permettait pas encore de parler de commencement de la guerre « par la Russie ». De tels incidents arrivent aussi en temps de paix.

La manière de les traiter ressort, par exemple, d'une note de Viviani, en date du 2 août, adressée à Berlin, où il proteste contre des violations de frontières qui auraient été commises par des troupes allemandes dans différentes parties du territoire français. Les localités et les troupes en question étaient exactement indiquées. Il ne vint pas à l'esprit de Viviani de faire à ce moment autre chose qu'une protestation, et de déclarer que « l'Allemagne avait commencé la guerre contre la France. »

Mais il paraît que le 1er août, à la frontière russe, il n'y a pas même eu de violations de si minime importance, du moins avant la remise de la déclaration de guerre.

Le Mémoire allemand parle de l' « après-midi », insistant particulièrement sur cette indication chronologique, et rendant visible, par contre, son manque de précision. Vu l'importance de la question, il eut été indiqué de dire exactement l'heure de la violation.

Mais le fait que si, vraiment, la frontière allemande a été franchie par des troupes russes le 1er août, cela ne put avoir lieu dans les premières heures de l'après-midi, résulte déjà de ceci : le soir du même jour, à 9 h. 45, le Chancelier de l'Empire proposait d'adresser un télégramme au Tsar, lui demandant de donner à ses troupes l'ordre d'éviter tout incident de ce genre. Cette dépêche fut expédiée par le Ministère des Affaires étrangères, comme nous l'avons vu, *après dix heures*. Donc, à cette heure, ce Ministère ne pouvait pas avoir eu connaissance de violations de frontières, sinon le télégramme aurait eu moins de valeur encore qu'il n'en avait, par suite de la déclaration de guerre déjà remise.

A la vérité, Guillaume reçut les premières nouvelles relatives au passage des frontières par les troupes russes, le 2 août dans la matinée. Bethmann-Hollweg lui communiquait alors :

« D'après rapport de l'État-Major (aujourd'hui quatre heures du matin), essai de destruction de chemin de fer, et avance de deux escadrons de cosaques vers Johannesbourg. État de guerre effectif. » (1)

Ici enfin, on indique le lieu et l'heure. Et il se trouve que « *l'après-midi* du 1er août » était, en réalité, le « *matin* du 2 août ». Les hostilités russes commençaient environ dix heures après la remise de la déclaration de guerre allemande à Pétersbourg. C'est de cette manière que la « Russie a commencé la guerre contre nous ».

Si, cependant, le Gouvernement allemand attribue à ces hostilités le rôle décisif dans l'explosion de la guerre, il

(1) *Die deutschen Dokumente, etc.*, N° 629.

explique ainsi à quel point sa déclaration de guerre parut peu fondée, aux hommes d'État allemands eux-mêmes.

Aussi, dans le *Mémoire* du Gouvernement allemand du 3 août que nous avons déjà cité plusieurs fois, elle est, autant que possible, reléguée au second plan. La relation de la déclaration de guerre est calculée pour induire en erreur.

Elle dit :

« L'Ambassadeur d'Allemagne à Saint-Pétersbourg, a fait à M. Sazonow, le 31 juillet, à minuit, la déclaration dont il avait été chargé.

« Une réponse du Gouvernement russe ne nous est jamais parvenue.

« Deux heures après l'expiration du délai imparti dans cette communication, le Tsar a télégraphié à Sa Majesté l'Empereur. »

Suit le télégramme déjà cité.

Un récit historique complet aurait naturellement dû indiquer qu'*avant* le télégramme du Tsar et *une* heure après l'expiration du délai accordé, la *déclaration de guerre* avait été envoyée à Pétersbourg. Mais celle-ci n'y est aucunement mentionnée. On peut évidemment oublier facilement une vétille de si peu d'importance. C'est vraiment un miracle qu'on en donne le texte (1). Car malheureusement on ne pouvait plus la supprimer.

Après la publication d'un télégramme du Tsar parvenu un peu après 2 heures, le Mémoire continue :

« Là-dessus, Sa Majesté a répondu. »

Suit le télégramme de Guillaume. Mais, tandis que dans tous les télégrammes de l'Empereur au Tsar, cités dans le Mémoire, l'heure de l'envoi est exactement indiquée, *elle manque dans celui-ci seulement*. Tous les lecteurs savent pourtant, que « là-dessus » (hierauf) signifie « aussitôt » (sofort), et non pas huit heures plus tard ; or la réponse de l'Empereur avait été envoyée à 10 heures du soir environ. D'après ce texte, chacun doit supposer que le télégramme avait été expédié avant 5 heures. Car, après l'avoir reproduit, le Mémoire continue :

« Le délai imparti à la Russie étant expiré sans qu'une réponse à notre demande fût parvenue, Sa Majesté l'Empe-

____

(1) Nº 25 des pièces annexes.

reur et Roi a ordonné, le 1ᵉʳ août, à 5 heures après-midi, la mobilisation de toute l'armée allemande et de la flotte impériale.

« *Dans l'intervalle* (!!), l'Ambassadeur impérial à Pétersbourg avait reçu l'ordre, au cas où, dans le délai qui lui avait été imparti, le Gouvernement russe n'aurait pas donné de réponse satisfaisante, de lui déclarer que nous nous considérions, après rejet de notre revendication, comme en état de guerre. »

Ce qui suit dans le texte du Mémoire a déjà été cité plus haut.

Le « dans l'intervalle » de ce récit, est certainement délicieux. C'est un modèle de chronologie précise. Il est digne de la suite des événements d'après ce récit.

Voici :

la vraie suite chronologique	*la suite d'après le Mémoire*
1 heure. Expédition de la déclaration de guerre.	2 heures. Télégramme du Tsar.
2 heures. Télégramme du Tsar.	Sans heure. Télégramme de l'Empereur.
5 heures. Mobilisation.	5 heures. Mobilisation.
10 heures. Télégramme de l'Empereur au Tsar.	Sans indication d'heure. Envoi de la déclaration de guerre.

Or, la confusion chronologique du Mémoire était indispensable pour que le lecteur soit induit à conclure avec lui — conclusion qui, depuis ce moment jusqu'à la publication du *Livre blanc* de juin 1919, domine la vie publique de l'Allemagne — que

la Russie avait commencé la guerre contre nous.

En réalité, c'était bien différent. L'Allemagne avait commencé la guerre contre la Russie. Le récit de l'origine de la guerre, fait par le Gouvernement allemand, renverse l'ordre des choses.

CHAPITRE XVIII

LA DÉCLARATION DE GUERRE A LA FRANCE

§ 1. — LA NEUTRALISATION DE LA FRANCE

Quand éclata la guerre entre l'Allemagne et la Russie, celle de l'Allemagne contre la France devait suivre automatiquement. Se défaire d'abord des Français pour régler ensuite le compte des Russes, tel était le plan de guerre allemand. Rendre possible aux armées allemandes le commencement de leur action contre la France, donc précipiter la déclaration de guerre dans l'ouest, telle était la tâche que l'État-Major imposait au Ministère des Affaires étrangères. Dans ce but, celui-ci avait adressé, le 31 juillet, en même temps que l'avertissement relatif à la mobilisation russe remis à Pétersbourg, une note à Paris, conçue en termes presque identiques, mais, comme nous l'avons vu, sur un ton beaucoup plus menaçant, puisqu'elle disait que « la mobilisation signifie *inévitablement* la guerre », et demandait catégoriquement au Gouvernement français, de déclarer s'il voulait rester neutre dans une guerre germano-russe. La réponse devait être donnée dans le délai de dix-huit heures.

L'intention était manifeste : en posant cette question à la France, on voulait la contraindre à déclarer, immédiatement, qu'elle était du côté de la Russie : l'état de guerre aurait ainsi existé sans plus et l'action contre la France aurait déjà pu commencer le 2 août.

Des sujets allemands confiants ont cependant vu aussi, dans la formule du Gouvernement allemand, une preuve de son amour de la paix.

Le docteur David, par exemple, était de cette opinion :

« Le Gouvernement allemand essaya de limiter la conflagration au moins à l'est. *Ce n'est pas un mince avantage à son crédit.* C'était sérieux. *Il ne pouvait pas y avoir de doute.* (1) »

Un homme dont la confiance en le Gouvernement allemand eût été moindre, aurait pu douter que la forme de l'ultimatum — dans lequel l'Allemagne, par ce télégramme, demandait à Paris de se déclarer immédiatement au sujet de sa neutralité — eût été celle choisie, si l'on avait réellement désiré cette neutralité. Mais l'homme le plus confiant lui-même abandonnera toute hésitation s'il apprend que ce télégramme à Schön était suivi d'un *post-scriptum* que, sagement, le Gouvernement allemand ne publia pas, mais indiqua comme « secret ». Ce n'est pas sa faute, si ce *post-scriptum* fut, assez longtemps après, au milieu de la guerre, connu pourtant du Gouvernement français. Il disait :

« Si, *ce qui n'est pas à supposer*, le Gouvernement français prétend rester neutre, Votre Excellence voudra bien lui déclarer que nous devons demander, comme *gage de sa neutralité, les forteresses de Toul et de Verdun;* nous les occuperions et les rendrions à la fin de la guerre avec la Russie. La réponse à cette dernière question devra nous être parvenue demain (2), après-midi, à 4 heures. »

« de Bethmann-Hollweg. » (3)

Il est nettement évident qu'aucun Gouvernement français, eût-ce été le Gouvernement pacifiste d'un Jaurès, ne pouvait accéder à cette exigence. La demande allemande relative à la neutralité n'avait donc pas pour but « de limiter la conflagration à l'est », mais bien de forcer immédiatement la France à la guerre.

Le 1er août, à 4 heures de l'après-midi, on comptait être déjà en possession de la cause de la guerre contre la France; à 5 heures, la déclaration de guerre à la Russie devait être remise. Ainsi, on espérait pouvoir commencer, en même temps, la guerre sur les deux fronts; mais, celle contre la France paraissait plus pressante encore que celle contre la

---

(1) *Die Sozialdemokratie im Weltkriege,* page 80.

(2) 1er août.

(3) *Die deutschen Dokumente, etc.,* No 491.

Russie. Le 4 août, Jagow déclarait au Ministre belge, le baron Beyens :

« Pour n'être pas écrasée, l'Allemagne doit d'abord *écraser la France*, et se tourner ensuite contre la Russie. »

Dans cette occurrence, on fut troublé par le fait que la réponse donnée par la France était tout à fait inattendue. Viviani ne déclinait pas la neutralité, comme Bethmann-Hollweg l'avait supposé, mais il ne la promettait pas non plus ; il ne donnait donc pas l'occasion de demander la livraison de Toul et de Verdun. Schön télégraphiait le 1er août :

« Sur ma demande précise et réitérée, si, en cas de guerre russo-allemande, la France resterait neutre, le Président du Conseil m'a déclaré que la France ferait ce que ses intérêts lui commanderaient. » (1)

Pour cette réponse, Schön n'avait pas d'instructions. Aussi, à la Chancellerie, il ne fut pas facile de déclarer que l'on était « contraint à la guerre » par la France, « attaqué » par elle, ce qui était cependant nécessaire, si l'on voulait créer une atmosphère morale favorable à la guerre.

Aussitôt après la réception de la réponse de Schön, on se mit à l'œuvre au Ministère des Affaires étrangères, afin d'élaborer une déclaration de guerre, et l'on produisit le document suivant qui date encore du 1er août :

« Le Gouvernement allemand, dès le début de la crise, a essayé d'obtenir un arrangement pacifique. Mais, tandis que, sur le désir de Sa Majesté l'Empereur de Russie, et en contact avec l'Angleterre, il s'entremettait encore entre Vienne et Pétersbourg, la Russie a mobilisé la totalité de ses forces de terre et de mer. Par cette mesure, qui n'avait pas été précédée en Allemagne de préparatifs extraordinaires de guerre, l'Empire allemand s'est trouvé menacé dans sa sécurité. Ne pas s'opposer à un tel danger, eut été jouer l'existence de l'Empire. Le Gouvernement allemand a donc sommé le Gouvernement russe d'arrêter immédiatement la mobilisation contre l'Allemagne et contre son allié. En même temps, le Gouvernement allemand en a averti le Gouvernement de la République française, et, en présence des relations notoires de la République avec la Russie, lui a demandé une déclaration à l'effet de savoir si la France entendait demeurer

____

(1) *Die deutschen Dokumente, etc.*, N° 571.

neutre dans une guerre russo-allemande. A quoi le Gouvernement français a fait la réponse équivoque et évasive, que la France agirait selon ce que lui commanderaient ses intérêts. Par cette réponse, la France se réserve de se ranger du côté des adversaires de l'Allemagne, et elle est en situation de l'attaquer à chaque instant, avec son armée mobilisée dans l'intervalle. L'Allemagne est d'autant plus fondée à voir une menace dans cette attitude, qu'après un long délai, elle n'a pas reçu de réponse à la demande adressée à la Russie, d'arrêter la mobilisation de ses forces, et que, par suite, une guerre russo-allemande a éclaté. L'Allemagne ne peut pas laisser à la France le choix du moment où sa frontière occidentale sera en danger ; mais, menacée de deux côtés, elle doit immédiatement mettre en œuvre ses moyens de défense.

« En conséquence, je suis chargé de faire part à Votre Excellence de ce qui suit : Sa Majesté l'Empereur d'Allemagne Se déclare, au nom de l'Empire, en état de guerre avec la France. » (1)

Cette déclaration de guerre ne fut pas expédiée. Les raisons n'en sont pas connues. En présence de l'insuffisance des motifs de la déclaration de guerre à la Russie, on a dû reculer devant l'envoi à la France d'une déclaration du même ordre. L'embarras dans lequel on se trouvait, en face de la déclaration de guerre à la Russie qui venait d'être lancée, est certifié par le fait que, même dans le document ci-dessus, on n'ose pas la mentionner avec précision : on parle simplement d'une « guerre russo-allemande » qui a « éclaté », comme s'il s'agissait d'un phénomène naturel, d'une éruption volcanique, par exemple, indépendant de toute décision humaine. Mais la déclaration de guerre à la France dépendait de la validité des raisons de la déclaration de guerre faite à la Russie. Si l'Allemagne était attaquée par la Russie, elle devait s'assurer qu'elle ne serait pas également attaquée par la France, au gré de celle-ci. Mais, si le Gouvernement allemand était l'agresseur de l'Empire russe, il devenait également l'agresseur de la France, en déclarant à celle-ci la guerre par cette seule raison qu'elle voulait faire ce que commanderaient ses intérêts.

____

(1) *Die deutschen Dokumente, etc.* N° 608.

A ces considérations, on peut également ajouter celle-ci :
En vertu des mêmes motifs, on aurait pu aussi déclarer,
comme à la France, la guerre à l'Angleterre et à l'Italie.
Leur neutralité n'était pas solidement établie ; elles aussi,
avec leurs armées et leurs flottes, mobilisées dans l'intervalle, pouvaient « attaquer à chaque instant » les puissances
centrales alliées. Il eut été dangereux d'attribuer ce motif,
comme raison suffisante, à une déclaration de guerre, au
moment où on cherchait à obtenir, par d'autres moyens que
ceux employés envers la France, la neutralité ou l'alliance
de ces deux puissances.

Dans aucun cas, on ne pouvait affirmer que, par la déclaration française seule, l'Allemagne avait été attaquée et contrainte à la guerre. Et c'est précisément ce qu'on voulait
faire croire au monde.

Mais, quelles qu'aient été les raisons décisives de ne pas
expédier ce document, la renonciation à son envoi prouve,
en tous cas, qu'on était persuadé que la réponse de la France,
disant qu'elle ne se laisserait diriger que par ses intérêts,
n'offrait pas une raison suffisante pour une déclaration de
guerre.

Mais on avait, d'urgence, besoin de cette déclaration de
guerre, car la guerre avec la Russie était déjà commencée.
Dans la perplexité où l'on était, on eut enfin recours au
moyen employé, après la déclaration de guerre à la Russie,
pour prouver que cette dernière avait rompu la paix : on
allégua des actes de guerre, par lesquels l'adversaire aurait
commencé.

§ 2. — LES AÉROPLANES MYSTÉRIEUX.

Le Mémoire du Gouvernement allemand du 3 août, déjà
mentionné à plusieurs reprises, était clôturé, ainsi qu'il le
dit lui-même, le 2 août à midi. La déclaration de guerre était
remise par l'Ambassadeur d'Allemagne au Président du
Conseil français, le 3 août, à 6 h. 45 du soir. Mais ce
Mémoire disait déjà :

« Le lendemain matin (2 août), la France ouvrait les hostilités. »

De quelle nature furent-elles? La déclaration de guerre
du 3 août les énumère :

« Des troupes françaises ont déjà franchi hier la frontière
allemande à Montreux-Vieux et sur des routes de montagne
dans les Vosges ; elles sont encore sur le territoire allemand.
Un aviateur français qui a dû survoler le territoire belge a
été abattu hier déjà, en essayant de détruire le chemin de fer
à Wesel. On a constaté hier également, la présence certaine
de plusieurs autres avions français survolant le territoire de
l'Eifel. Ceux-ci également doivent avoir survolé le territoire
belge. Hier encore, des aviateurs français lançaient des
bombes sur le chemin de fer près de Karlsruhe et de Nuremberg. La France nous a donc mis en état de guerre. » (1)

L'état de guerre désiré était désormais arrivé. Il est vrai
que la France pouvait, de son côté, produire aussi une série
de plaintes, relatives à des violations de frontière, et Bethmann-Hollweg, dans son discours de guerre du 4 août,
devait même admettre que ces plaintes n'étaient pas tout à
fait sans fondement. Mais le Gouvernement français n'en
avait tiré aucun motif de guerre ; il avait même fait, pour
éviter de son côté des violations de frontière, ce que le Gouvernement allemand n'avait pas fait ; il avait déjà ordonné le
30 juillet :

« Bien que l'Allemagne ait pris ses dispositifs de couverture à quelques centaines de mètres de la frontière, sur tout
le front du Luxembourg aux Vosges, et porté ses troupes de
couverture sur leurs positions de combat, nous avons *retenu
nos* troupes *à 10 kilomètres de la frontière*, en leur *inter-
disant de s'en approcher davantage*. » (2)

En se plaçant au point de vue des hommes politiques allemands, — qui supposaient que la France avait pris ces
mesures, non dans l'intérêt de la paix, mais seulement parce
qu'elle n'était pas encore prête, par ruse donc, pour gagner
du temps, et « attaquer plus tard » l' « ennemi » — il faudrait précisément admettre que le Gouvernement français

---

(1) *Die deutschen Dokumente, etc.*, N° 734. Ce texte de la déclaration
de guerre à la France est la traduction littérale de celui adressé par le
Chancelier de l'Empire à l'Ambassadeur d'Allemagne à Paris, et non pas
celui remis par ce dernier au Président du Conseil (Note du traducteur).

(2) *Livre jaune français*, 1914, N° 106.

aurait agi contre ses propres intentions, en commençant prématurément les hostilités.

Pour cette raison déjà, il faut s'armer de la plus extrême méfiance devant les affirmations contenues dans la déclaration de guerre. Sur quelles communications se base-t-elle?

Le 2 août à minuit, le Chancelier de l'Empire télégraphiait à Londres :

« D'après des rapports absolument sûrs, la France s'est permise aujourd'hui contre nous les empiètements suivants :

« 1° Des patrouilles de cavalerie française ont franchi aujourd'hui, dans les premières heures de l'après-midi, la frontière à Montreux-Vieux en Alsace.

« 2° Un officier aviateur français a été abattu dans les airs, près de Wesel.

« 3° Deux Français ont tenté de faire sauter le tunnel du chemin de fer de la Moselle, à Aix-la-Chapelle, et ont été fusillés sur le champ.

« 4° Un détachement d'infanterie française a franchi la frontière en Alsace, et a fait usage de ses armes.

« Prière de porter immédiatement ces faits à la connaissance du Gouvernement, et de représenter sérieusement à Sir Edward Grey, la situation dangereuse dans laquelle se trouve l'Allemagne par ces provocations déloyales, qui la poussent aux décisions les plus sérieuses. Votre Excellence réussira, je l'espère, à convaincre l'Angleterre que l'Allemagne, après avoir défendu l'idée de paix jusqu'à la limite extrême du possible, est acculée par ses adversaires, à la position d'offensée qui, pour la sauvegarde de son existence, doit avoir recours aux armes. » (1)

Le 3 août, à 1 h. 45 de l'après-midi, la liste suivante des violations de frontière fut établie au Ministère des Affaires étrangères, d'après les rapports de l'État-Major :

« 1° Rapport du 15e corps d'armée (Commandement en chef) : Violations de frontière par Français le soir du 1er août, à Metzeral et au col de la Schlucht, établies sans contestation possible. On a tiré sur des postes allemands. Pas de pertes. Parti de Strasbourg, le 2 août, à 9 h. 30 du soir.

« 2° Rapport du 15e corps d'armée (Commandement en

(1) *Die deutschen Dokumente, etc.*, N° 693.

chef) : Dans la nuit du 1ᵉʳ au 2 août, violation de frontière par infanterie française, en face de Markirch. Les Français les premiers ouvrirent le feu. Pas de pertes. Parti de Strasbourg, le 2 août, à 5 h. 55 de l'après-midi.

« 3° 58ᵉ brigade d'infanterie rapporte de Mulhouse, 2 août, midi 10 : des patrouilles ennemies ont franchi la frontière près de Montreux-Vieux dans les environs de Rath, mais sont reparties.

« 4° Rapport du commandement de la ligne de Cologne, parti le 2 août, à 2 h. 45 du soir. Grande circulation d'aéroplanes ennemis sur la frontière dans la direction de Trèves à Junkerath, dans celle de Dahlheim à Rheydt, et sur la rive droite du Rhin, près de Cologne. A Rheydt, ils faisaient des signaux avec des lumières blanches, rouges et vertes.

« 5° Rapport téléphonique du Chef de l'État-Major du 21ᵉ corps d'armée, 3 août, à 9 h. 40 du matin : trois aéroplanes et un dirigeable (large à l'avant, étroit à l'arrière), essuyèrent ce matin, au-dessus de la gare de Sarrebourg, en Lorraine, le tir des mitrailleuses. Les aéroplanes ne portaient pas les signes de reconnaissance prescrits.

« 6° Rapport du commandement de la ligne de Ludwigshafen sur le Rhin, le 2 août, au soir : deux aéroplanes ennemis signalés aujourd'hui (2 août), vers 10 heures du soir, près de Neustadt sur la Haardt.

« 7° Rapport du commandement de la ligne de Wesel (arrivé le 2 août au soir) : près de Wesel, aéroplane ennemi abattu. » (1)

Dans ce tableau du 3 août, nous sommes frappés avant tout de ce fait qu'il n'est pas fait mention de l'explosion du tunnel d'Aix-la-Chapelle. Et cela pour une bonne raison. Quoique relatant des « rapports absolument sûrs », il se montrait erroné dès le lendemain. Il s'agissait de ces nombreux bruits que l'on entendait dans ces jours d'excitation, et qu'un homme d'État sérieux n'aurait pas dû accepter sans examen.

Les rapports des autorités militaires aussi ne se montraient pas toujours véridiques. Ainsi, le 3 août, à 10 heures du matin, le Ministre d'État du Luxembourg, Eyschen, télégraphiait à Jagow :

____

(1) *Die deutschen Dokumente, etc.*, N° 739.

« En ce moment, on distribue dans la ville de Luxembourg une proclamation du général commandant en chef le 8ᵉ corps d'armée, Tulff von Tscheepe, qui dit textuellement :

« *Il a été établi, et il est au-dessus de toute contestation* « *possible*, que la France, ne respectant pas la neutralité du « Luxembourg, a ouvert, du territoire de ce pays, les hosti- « lités contre l'Allemagne. En conséquence, Sa Majesté a « donné l'ordre aux troupes allemandes de pénétrer également- « ment au Luxembourg. »

« Ceci est basé sur une erreur. Il n'y a absolument aucun militaire français sur le sol du Luxembourg, et il n'y a aucun indice que sa neutralité soit menacée de la part de la France. Au contraire, samedi soir, 1ᵉʳ août, les rails du chemin de fer ont été enlevés sur le territoire français à Mont-Saint-Martin-Longwy. Cela prouve que, déjà alors, une intention d'entrer par chemin de fer au Luxembourg, n'existait pas. » (1)

Il n'importait. Les généraux allemands se sentaient évidemment autorisés à constater, partout où il leur convenait, des actes français d'hostilité « au-dessus de toute contestation possible ». La proclamation de M. le général commandant en chef Tulff montre, du reste, comme étant « au-dessus de toute contestation possible » que, du côté allemand, non seulement quelques patrouilles isolées, mais le 8ᵐᵉ corps d'armée tout entier, avait déjà commencé, le 3 août, dans la matinée « sur l'ordre de Sa Majesté », les hostilités contre la France, par l'invasion du territoire luxembourgeois.

Il ne faut pas supposer que M. le général agissait de sa propre autorité, bien que l'armée fût déjà devenue très autocrate. Ainsi, la note suivante du comte Montgelas fut mise, dans la matinée du 3 août, sous les yeux de Jagow :

« Le commandant en chef des Marches a communiqué qu'en raison des violations de frontière authentiquement prouvées, il se trouvait dans l'obligation de prendre, à l'égard de l'Ambassade française et des Français, les mêmes mesures qui avaient déjà été prises envers l'Ambassade russe et les Russes. » (2)

M. le commandant en chef des Marches se considéra donc

---

(1) *Die deutschen Dokumente, etc.*, Nᵒ 730.
(2) *Ibid.*, Nᵒ 721.

comme autorisé, en raison des « violations de frontière authentiquement prouvées », du moins pour Berlin, à déclarer immédiatement la guerre à la France. Cela rendit furieux Jagow lui-même. Il ajouta à cette note :

« Quelles sont ces mesures ? Nous ne sommes pas encore en état de guerre. Les diplomates sont donc encore accrédités. » (1)

Une déclaration de guerre au commandant en chef des Marches ne s'ensuivit pas, car quelques heures après, Schön annonçait à Paris que l'Allemagne était en guerre avec la France.

Dans cette déclaration de guerre, ce fut sur les aviateurs qu'on insista le plus. Les prétendues violations de frontière par des troupes françaises, étaient au moins compensées par les empiètements des troupes allemandes, rapportées en même temps, et dont Viviani se plaignait déjà le 2 août. Mais les aviateurs !...

Dans ces jours, la masse de la population était prise d'une manie étrange. Dans la nuit, elle voyait partout des avions et des dirigeables, et entendait éclater des bombes. Le Directeur de la police de Stuttgart publiait alors une invitation au calme et à la prudence :

« On prend des nuages pour des dirigeables, des étoiles pour des aéroplanes, des éclatements de pneumatiques de bicyclettes pour des bombes. »

Malgré la disposition générale à croire à la réalité, que ces rapports affirmaient, d'avions qui, même dans la nuit la plus obscure, étaient immédiatement reconnus comme des « avions militaires français », le Chancelier de l'Empire ne pouvait citer que trois cas, dont l'un, celui des « avions signalés au-dessus du territoire de l'Eifel », ne mérite aucune considération ; il y avait beaucoup d'avions, alors, en Allemagne ; qui aurait pu dire que ceux de l'Eifel, même s'ils étaient vraiment « signalés », étaient des avions français et non allemands, ou belges, ou hollandais, égarés ?

Mais le cas de Wesel !

Le 2 août, le Chancelier de l'Empire rapportait :

« Un officier aviateur français a été abattu dans les airs près de Wesel. »

____

(1) *Die deutschen Dokumente*, etc., N° 721, note.

Le rapport militaire officiel du 3 août à midi, ne disait que d'une manière moins précise :

« Près de Wesel, aéroplane ennemi abattu. »

On ne disait rien sur le pilote, ni sur le fait, si c'était un civil ou un officier. Mais, dans la déclaration de guerre, il est dit que l'aviateur militaire avait tenté de *détruire le chemin de fer près de Wesel*.

De cela, *pas un mot*, dans le rapport du commandant de la ligne de Wesel.

Nous venons de voir ce qu'il faut penser des avions signalés dans le district de l'Eifel et de celui qui serait l'auteur de l'attentat de Wesel. Quant aux aviateurs militaires de l'Allemagne du sud, dont les méfaits furent aussi mentionnés dans la déclaration de guerre, il y a longtemps qu'ils sont considérés comme de pure invention.

En avril 1916, le bourgmestre de Nuremberg certifiait :

« Le commandant général suppléant du 3ᵉ corps d'armée bavarois, de cette ville, n'a aucune connaissance qu'à aucun moment, avant ou après l'explosion de la guerre, des bombes aient été lancées par des aviateurs ennemis sur les lignes du chemin de fer de Nuremberg-Kissingen et de Nuremberg-Ansbach. Toutes les affirmations et nouvelles de journaux à ce sujet ont été reconnues fausses. »

On aurait pu le savoir depuis longtemps au Ministère des Affaires étrangères. Le 2 août 1914, le Ministre prussien à Munich, avait adressé au Chancelier de l'Empire, la communication suivante, reçue par le Département des Affaires étrangères, le 3 août, à trois heures de l'après-midi :

« Le rapport *militaire* répandu également ici par le *Suddeutsche Correspondenzbureau*, informant que des aviateurs français auraient lancé des bombes aujourd'hui dans les environs de Nuremberg, n'a pas trouvé de confirmation jusqu'ici. *On a seulement signalé des aéroplanes inconnus qui, manifestement, n'étaient pas des aéroplanes militaires*. Le lancement des bombes n'est pas établi, et il est encore moins prouvé, naturellement, que les aviateurs étaient Français. » (1)

La déclaration de guerre allemande, remise à Paris, reposait, avant tout, sur ces bombes d'aviateurs. Sous tous les rapports, elle sortait des nuages.

(1) *Die deutschen Dokumente, etc.*, No 758.

CHAPITRE XIX

LA DÉCLARATION DE GUERRE A LA BELGIQUE

§ 1. — L'ABSURDITÉ POLITIQUE DU MANQUE DE PAROLE

Le Chancelier de l'Empire avait encore à faire une rude besogne, que lui demandaient les autorités militaires, celle d'établir le mobile de l'invasion de la Belgique.

Cette invasion, ainsi que la guerre à la France, était un fait arrêté du moment où les hostilités avec la Russie avaient éclaté.

En 1871, l'Allemagne avait annexé l'Alsace-Lorraine, mais non pour libérer la population de ces territoires. L'Alsace refusait désespérément, au contraire, d'être arrachée à la France. Bismarck ne l'avait pas demandée pour des raisons nationales, mais stratégiques, afin d'obtenir une meilleure frontière militaire contre la France, d'être plus près de Paris dans une guerre future, et de menacer cette ville plus rapidement qu'on n'avait pu le faire en 1870 au début de la guerre.

Au prix de cet avantage militaire, l'Allemagne avait alors rendu infiniment plus mauvaise sa position politique internationale, créé une inimitié permanente entre elle et la France, poussé celle-ci dans les bras de la Russie, provoqué les armements rivaux et le danger constant de guerre en Europe, et posé le germe de cette situation défavorable dans laquelle l'Empire allemand entra lors de la guerre mondiale de 1914.

Tout cela pour un avantage stratégique qui, bientôt, devait se montrer complètement inopérant. Car, à l'âge de la technique moderne, il n'y a pas de frontière stratégique naturelle dont un État riche, puissamment développé économiquement et techniquement, ne puisse pas neutraliser les désavantages par des mesures artificielles.

La nouvelle frontière franco-allemande était hérissée de travaux d'art si formidables, qu'il ne pouvait être question, pour une armée allemande, de la franchir rapidement. Et pourtant, cela paraissait nécessaire dans une guerre de l'Allemagne sur deux fronts, alors qu'il s'agissait de liquider la France au plus vite, afin de pouvoir se jeter ensuite en pleine force contre la Russie seule.

Il paraissait impossible de forcer rapidement le front alsacien. La frontière française du nord en avait d'autant plus d'attraction. Les Français, chose étrange, avaient seulement fortifié la frontière alsacienne et de la manière la plus puissante. Par contre, ils se sentaient si bien protégés par la Belgique, qu'ils n'avaient fortifié la frontière du nord que d'une manière insuffisante. Et, même au mois de juillet 1914, quand apparut le danger de guerre, alors que tous les États faisaient des préparatifs et concentraient des troupes, l'armée française dirigeait son attention principalement vers l'est, non pas vers le nord.

La frontière du nord était le côté faible de la France. Si l'Allemagne y faisait une irruption imprévue, elle pouvait espérer renverser toute résistance par quelques coups puissants, occuper Paris, et non seulement Paris, mais aussi Calais, la porte de sortie sur l'Angleterre. Donc, à le considérer d'une manière purement militaire, le passage forcé à travers la Belgique s'imposait certainement. Il est vrai, que déjà, l'exemple de l'Alsace-Lorraine aurait pu montrer l'effet pernicieux auquel il faut s'attendre quand la politique militariste de l'heure l'emporte sur une politique à longue vue, tenant compte non seulement de la proportion des forces et des mobiles militaires, mais aussi des éléments politiques, économiques et moraux.

La politique allemande avait eu pour but, lors de la liquidation belliqueuse du conflit des puissances centrales avec la Russie et la France, de gagner la neutralité de l'Angleterre et la coopération de l'Italie.

L'une et l'autre étaient devenues douteuses, mais rien n'était encore décidé, lorsque la guerre éclata. Sir Edward

Grey avait bien averti l'Allemagne, mais il n'avait pu promettre son appui à la France avec une certitude absolue, malgré toutes les sympathies anglaises pour la cause française. On lui en a beaucoup voulu de cette incertitude ; les uns y ont vu un manque de fermeté ; les autres, de l'ambiguité. Ses critiques oublient qu'il était ministre d'un pays parlementaire et démocratique, et qu'il n'y était pas du tout assuré du consentement de la population.

S'il trouvait même, au Parlement, une majorité favorable à une guerre contre l'Allemagne, cette guerre serait devenue une affaire très douteuse, si la masse des ouvriers et des pacifistes bourgeois qui, précisément en Angleterre, étaient si nombreux et avaient tant d'influence, lui avaient fait une opposition énergique. Par contre, quiconque ayant la moindre connaissance des Anglais, ne pouvait mettre en doute que la grande majorité de la nation se jetterait dans la guerre avec enthousiasme, si l'Allemagne, puissante sur terre et sur mer, s'emparait de la Belgique, et par là, menaçait directement l'Angleterre.

Or, l'Italie était dans la dépendance la plus étroite de l'Angleterre. Qu'elle se rangeât du côté des puissances centrales, dès le début du mois d'août, il ne fallait pas s'y attendre.

Le 3 août, M. de Kleist, envoyé à Rome en mission spéciale, expédiait de cette ville le télégramme suivant « à Sa Majesté l'Empereur » à Berlin :

« Aujourd'hui, lundi, à neuf heures du matin, j'ai remis au Roi d'Italie le message de Votre Majesté, lui demandant la mobilisation immédiate de l'armée et de la flotte, et l'assistance d'allié, comme elles sont fixées dans le Traité.

« Le Roi répondit qu'il était personnellement de tout cœur avec nous et que, quelques semaines auparavant encore, il n'avait pas douté un instant qu'en cas de guerre, l'Italie aiderait fidèlement les Alliés. Le manque d'habileté de l'Autriche, — incroyable pour le sentiment populaire italien —, avait tellement soulevé, ces dernières semaines, l'opinion publique contre elle, que, maintenant, une coopération active avec l'Autriche déchaînerait une tempête. Le Ministère ne voulait pas risquer une révolte. Lui, le Roi, malheureusement, n'avait pas de pouvoir, mais seulement de l'influence. S'il renvoyait le Ministère actuel, nul ne prendrait la res-

ponsabilité d'en former un nouveau. Tout cela, principalement, parce que l'Autriche n'était pas disposée à donner,
pour l'avenir, une promesse précise par laquelle un revirement du sentiment populaire aurait peut-être été obtenu.
Il était très douteux que ce fût, maintenant, encore possible.

« Puisque le peuple, par suite du manque d'habileté de
l'Autriche, ne faisait pas de distinction, l'Italie ferait défaut,
malheureusement, aussi à l'Allemagne, ce qui était profondément douloureux, pour Lui, le Roi. Il ferait, une fois
encore, valoir son influence sur le Ministère et communique-
rait le résultat ». (1)

Le lendemain, M. de Kleist n'avait rien de plus consolant
à rapporter :

« Sa Majesté le Roi m'a reçu dans la matinée et m'a dit :

« Malgré ses efforts réitérés dans la journée d'hier, le Gouvernement maintient sa position de neutralité. Un appui actif aux Alliés serait considéré par le peuple, en ce moment, seulement comme une aide donnée aux *projets d'agrandissement* de l'Autriche dans les Balkans, parce que l'Autriche, jusqu'ici, n'avait pas même pris sur elle l'obligation définitive de renoncer à ces projets. Le peuple *confondrait toujours* l'Allemagne avec l'Autriche ; le Gouvernement donc, en cas d'appui actif donné, même à l'Allemagne, risquerait en ce moment une *insurrection.* Lui, le Roi, devait répéter qu'il était malheureusement impuissant, puisque l'opinion du Gouvernement était partagée par la majorité de la Chambre. Giolitti lui-même, ami de la Triplice, qui vient de rentrer à l'instant, serait de l'avis qu'il n'y avait pas de *casus fœderis*, mais que le pays avait besoin de repos et devait rester neutre, puisqu'il n'existe aucune

[Note marginale : Notre lutte contre la France n'a rien à y voir. Elle combattrait donc à nos côtés et non pas à ceux de l'Autriche.]

[Note marginale : si le Gouvernement ne fait rien contre cela, c'est naturel, mais insensé.]

[Note marginale : c'est sûrement un mensonge.]

[Note marginale : ??]

(1) *Die deutschen Dokumente, etc.*, N° 771.

indicible coquin! obligation à une assistance active... Le Gouvernement désirait être prêt à toutes les éventualités. Sur ma réponse que, puisque l'éventualité de l'assistance était éliminée, il fallait donc penser évidemment à une menace active contre l'Autriche, puisqu'il n'y avait pas d'autre éventualité, le Roi m'a dit : qu'on ne savait jamais ce *il est donc complète-* que feraient les hommes du Gouverne-*ment éliminé!* ment. Pour le moment, le Roi comptait que rien ne se ferait. » (1).

L'épithète d' « indicible coquin » infligée à Giolitti, est presque dépassée encore, par celle appliquée au Roi lui-même qui, le 3 août, dans une lettre autographe, communiquait à l'Empereur allemand que le Gouvernement italien ne reconnaissait pas le *casus fœderis*, dans la guerre qui venait d'éclater. Cette lettre était signée :

« Ton Frère et Ton Allié »
« Vittorio Emanuele ».

Devant le mot « Allié », Guillaume nota : « impudence », et devant le nom du Roi, le mot plus petit, mais qui en dit long : « Scélérat. » (2)

L'optimiste le plus léger et le plus ignorant, lui-même, ne pouvait plus, le 3 août, compter sur l'assistance active de l'Italie. Les remarques finales de Victor-Emmanuel faisaient même craindre que l'Italie procédât d'une manière active contre l'Autriche et l'Allemagne. Son attitude devait être, au plus haut degré, influencée par celle de l'Angleterre, de laquelle elle dépendait sous tant de rapports.

C'était une raison de plus pour éviter d'irriter l'Angleterre par l'occupation de la Belgique. Il s'y ajoutait la considération que, par cette occupation, la renommée de l'Allemagne devait énormément souffrir dans le monde entier. Car la neutralité de la Belgique n'était pas de qualité ordinaire, comme par exemple celle de la Grèce. C'était une neutralité solennellement reconnue et garantie, et la Prusse en était l'une des puissances garantes. Par l'invasion de la Belgique,

(1) *Die deutschen Dokumente, etc.*, N° 85o.
(2) *Ibid.*, N° 755.

elle commettait non seulement une violation de *neutralité*,
mais aussi un *manquement à sa parole*.

Dans la mesure où a été grande la confiance en la parole
de quelqu'un, la fureur et le discrédit s'élèvent contre lui
quand il y manque. Jusqu'en août 1914, les Belges avaient
eu, en majorité, des sentiments de confiance et d'amitié
envers l'Allemagne. Après l'invasion, ils en devinrent les
ennemis les plus acharnés.

Le manquement à la parole, suivi du massacre de milliers
de Belges et de la dévastation affreuse de tout le pays, ne
souleva pas seulement en Belgique la plus profonde indignation, mais celle-ci se répandit dans tous les pays de
civilisation européenne, et enleva à l'Allemagne les derniers
amis qu'elle avait encore.

§ 2. — LA JUSTIFICATION DU MANQUE DE PAROLE

Aussi compréhensible qu'ait été, au point de vue militaire,
l'irruption en Belgique, aussi répréhensible était-elle au point
de vue moral ; en outre, elle était complètement manquée
au point de vue politique.

Mais les militaires commandaient ; les hommes politiques
n'avaient qu'à obéir. La tâche ingrate retombait sur eux de
justifier devant le public, le désaveu de la parole donnée. Ils
ne se mettaient pas d'ailleurs beaucoup en frais pour cela.
Cette fois encore, on adopta la manière commode, dont
Berchtold s'était servi envers François-Joseph, celle d'affirmer l'existence d'actes hostiles de l'adversaire, à la suite
desquels on était contraint à faire la guerre.

Dans le cas de la Belgique, le Chancelier de l'Empire n'accomplit que le noble office de facteur des postes.

Le 29 juillet, le Département des Affaires étrangères recevait un projet de note au Gouvernement belge, écrit de la
main du chef d'État-Major de Moltke lui-même, et daté du
26 juillet. Après quelques retouches faites par le Chancelier
de l'Empire, Stumm et Zimmermann, la note était adressée
le même jour, par Jagow, non au Gouvernement belge,
mais au Ministre d'Allemagne à Bruxelles. En voici le texte :

« Le Gouvernement impérial a reçu des nouvelles sûres

d'après lesquelles les forces françaises auraient l'intention
de marcher sur la Meuse, par Givet et Namur. Ces nouvelles
ne laissent aucun doute sur l'intention de la France (après
jonction avec un corps expéditionnaire anglais), de marcher
sur l'Allemagne par le territoire belge. Le Gouvernement
impérial ne peut s'empêcher de craindre que la Belgique,
malgré sa meilleure volonté, ne soit pas en mesure de
repousser sans secours une marche française (— anglaise)
d'un si grand développement. Dans ce fait, on trouve une
certitude suffisante d'une menace dirigée contre l'Allemagne.

« C'est un devoir impérieux de conservation pour l'Allemagne de prévenir cette attaque de l'ennemi.

« Le Gouvernement allemand regretterait très vivement
que la Belgique regardât comme un acte d'hostilité contre
elle, le fait que les mesures des ennemis de l'Allemagne
l'obligent, de son côté, à entrer en territoire belge.

« Afin de dissiper tout malentendu, le Gouvernement impérial déclare ce qui suit :

« 1° L'Allemagne n'a en vue aucun acte d'hostilité contre
la Belgique. Si la Belgique consent, dans la guerre immi-
nente, à prendre une attitude de neutralité bienveillante
envers l'Allemagne, le Gouvernement allemand, de son côté,
s'engage, à la conclusion de la paix, non seulement à garantir
le royaume et ses possessions dans toute leur étendue, *mais
il est même disposé à accueillir, de la manière la plus bienveillante, les réclamations éventuelles du Royaume relatives
à des compensations territoriales aux frais de la France.*

« 2° L'Allemagne s'engage, sous la condition énoncée, à
évacuer le territoire belge aussitôt la paix conclue.

« 3° Si la Belgique observe une attitude amicale, l'Allemagne est prête, de concert avec les autorités royales de
Belgique, à acheter contre argent comptant tout ce qui est
nécessaire à son armée et à réparer tous les dommages qui
pourraient être causés par les troupes allemandes.

« Si la Belgique se comporte d'une façon hostile envers les
troupes allemandes et particulièrement fait des difficultés à
leur marche en avant par une opposition des fortifications de
la Meuse, ou par des destructions de chemins de fer, routes,
tunnels ou autres travaux d'art, l'Allemagne sera obligée à
regret de considérer le Royaume en ennemi. Dans ce cas,
l'Allemagne ne prendra aucun engagement vis-à-vis du

Royaume, mais elle laissera le règlement ultérieur des rapports des deux États, l'un vis-à-vis de l'autre, à la décision des armes.

« Le Gouvernement impérial a le ferme espoir que cette éventualité ne se produira pas, et que le Gouvernement belge saura prendre les mesures appropriées, pour empêcher de se produire des événements de la nature de ceux auxquels il est fait allusion. Dans ce cas, les relations amicales qui unissent les deux États deviendront plus étroites et plus durables. » (1)

Le projet de Moltke avait été suivi de la phrase suivante :

« Une réponse non équivoque à cette note doit être donnée dans le délai de vingt-quatre heures après sa remise, *sinon les hostilités seront ouvertes immédiatement.* » (2)

Elle parut, cependant, trop grossière à Jagow. Il biffa cette phrase dans la note adressée au Gouvernement belge, et la remplaça par l'instruction suivante pour le Ministre d'Allemagne à Bruxelles :

« Votre Excellence voudra bien en faire, immédiatement, communication très confidentiellement au Gouvernement royal belge, et le prier de donner une réponse ne laissant place à aucune ambiguïté, dans le délai de vingt-quatre heures.

« De l'accueil que rencontreront vos déclarations, et de la réponse définitive du Gouvernement belge, Votre Excellence voudra bien me donner aussitôt connaissance par voie télégraphique. » (3)

Le document de M. de Moltke était donc, sans plus de façons, accepté comme nous l'avons dit, par le Ministère des Affaires étrangères, et expédié avec quelques légères retouches. Une seule, parmi ces modifications, d'ailleurs insignifiantes, est remarquable. Le chef de l'État-Major partait évidemment de l'idée que l'Angleterre entrerait en guerre simultanément avec la France ; il parlait donc de renseignements qui, comme tous ceux de cette nature, « ne laissaient aucun doute », sur l'intention d'une avance « franco-anglaise », à travers le territoire belge. Ceci parut toutefois,

(1) *Die deutschen Dokumente, etc.*, N° 376.
(2) *Ibid.*
(3) *Ibid.*

trop risqué à la Chancellerie. Elle avait encore l'espoir de la
neutralité anglaise. Stumm biffa donc les mots placés entre
parenthèses dans le texte ci-dessus, et se borna à la consta-
tation « qui ne laissait aucun doute » de l'intention d'une
avance française à travers la Belgique. Il ne s'agissait là que
de quelques mots, mais la manière dont on s'en servait est
très instructive. Elle montre comment l'État-Major savait
préparer à l'avance des réclamations — relatives à des hostilités françaises ou franco-anglaises, rendant inévitable la
guerre ou la rupture de la neutralité, et avant même que de
telles hostilités fussent possibles — afin de les présenter
dès qu'on en aurait besoin. Ce procédé avait, en effet,
été employé. Le document, écrit le 26 juillet, rédigé définitivement et expédié le 29 juillet, ne fut pas présenté immédiatement au Gouvernement de Bruxelles. A ce moment,
le monde n'était pas encore préparé à la guerre franco-
allemande.

Jagow envoya par un courrier, le document, sous pli
cacheté, au Ministre d'Allemagne à Bruxelles, M. de Below-
Saleske, accompagné de la note suivante :

« Je prie Votre Excellence de mettre en sûreté et de conserver sous pli cacheté l'annexe jointe à la présente *et de ne
l'ouvrir que lorsque vous en aurez reçu l'ordre par voie télégraphique. Veuillez confirmer par télégraphe la réception
de ce rescrit et de l'annexe.* » (1)

La nécessité qui, d'après les affirmations émues de Bethmann-Hollweg dans son grand discours de guerre du 4 août,
n'a pas de loi, était donc déjà préparée et délibérée, le
29 juillet, cachetée, scellée, afin d'être utilisée quand on en
aurait besoin.

Cela se présenta le 2 août. C'est seulement alors qu'il
devint d'une nécessité urgente pour l'État-Major, que la
sécurité de l'Allemagne fût menacée au plus haut point par
l'invasion des Français en Belgique. Jagow télégraphia alors
au Ministre à Bruxelles :

« Votre Excellence voudra bien ouvrir immédiatement
l'annexe du document N° 88, et exécuter ce soir à 8 heures
(heure allemande), l'instruction qui y est contenue. Cependant, dans la déclaration du Gouvernement impérial, et sous

____

(1) *Die deutschen Dokumente, etc.*, N° 375.

le N° 1, les mots « non seulement » et la phrase qui commence par « mais il est même disposé », doivent être omis. (1)

« Il faut aussi demander une réponse dans le délai de douze heures, non pas dans celui de vingt-quatre. Le délai expirera donc demain matin à huit heures. Prière de donner au Gouvernement belge *l'assurance la plus certaine que, malgré les promesses faites, il n'y a aucun doute sur l'exactitude de notre information au sujet des projets français.*

« La réponse belge doit être parvenue ici demain après-midi, à deux heures (heure allemande). Votre Excellence voudra donc bien nous télégraphier rapidement cette réponse, et, de plus, la faire transmettre dès sa réception, par un membre de la Légation impériale voyageant en automobile, de préférence l'attaché militaire, au général von Emmich, Hôtel Union, à Aix-la-Chapelle.

« *Le Gouvernement de là-bas doit demeurer sous l'impression que toutes ces instructions ne vous sont parvenues qu'aujourd'hui.* Je laisse à votre discrétion le soin de suggérer au Gouvernement belge, qu'il peut se retirer à Anvers avec ses troupes ; s'il le désire, nous pouvons assurer la protection de Bruxelles contre des désordres intérieurs. » (2)

L'histoire de l'ultimatum à la Belgique dévoile clairement le mécanisme à l'aide duquel furent établis les mobiles des déclarations de guerre allemandes, dans les premiers jours d'août.

Quiconque en suit le développement doit « être sous l'impression » que « toutes » les constatations du Gouvernement allemand, dans ces jours-là, étaient d'autant plus mensongères qu'elles s'appuyaient davantage sur les assurances répétées de leur « certitude absolue » et de leur « caractère incontestable ».

C'est un tragique et terrible écroulement moral qui inaugura la guerre.

Le côté comique ne devait pas manquer non plus.

Les « agglomérations » de troupes françaises à la frontière belge pouvaient impressionner le naïf allemand dont les sens

___

(1) Ces mots sont en italique dans la reproduction du texte ci-dessus.
(2) *Die deutschen Dokumente, etc.,* N° 648.

étaient déjà obnubilés, dans les journées d'août, par l'ivresse
de la guerre. Mais on voulait ainsi convaincre l'Angleterre
que l'on était forcé à l'irruption en Belgique. Pour cela, il
fallait des arguments plus sérieux. Où n'en prenait-on pas
alors? Les aviateurs légendaires devaient, là encore, venir
au secours de l'Allemagne. Nous avons déjà vu le texte de
la déclaration de guerre à la France. On est frappé de ce
qu'elle insiste sur le fait que plusieurs aviateurs avaient évidemment violé la neutralité de la Belgique, en survolant son
territoire.

Mais il ne fallait pas s'attendre à ce que ces insaisissables
aviateurs fissent une impression spéciale en Angleterre. On
devait tâcher de se mouvoir sur un terrain plus solide.
Peut-être l'automobile produirait-elle l'effet auquel l'aéroplane n'avait pu aboutir.

Le 3 août, le Gouverneur de Dusseldorf télégraphiait au
Chancelier de l'Empire :

« Conseiller provincial de Geldern télégraphiait hier :
le bataillon local rapportait que, dans la matinée, de bonne
heure, quatre-vingts officiers français en uniformes prussiens, montés dans douze automobiles, tentèrent en vain de
franchir la frontière près de Walbeck. Sur demande, le
conseiller provincial communique encore que l'adjudant du
bataillon rapportait plus tard que la nouvelle concernant les
quatre-vingts officiers français est confirmée quant au fond.
Les automobiles seraient restées en territoire *hollandais*. Un
officier qui s'était avancé, serait reparti en présence de la
résistance armée. » (1)

Admettons un instant que le rapport soit exact « quant au
fond », et qu'il ne soit pas le produit de la fantaisie sur-
chauffée de quelques garde-frontières surexcités.

C'était alors, avant tout, une violation de la neutralité *hol-
landaise*, et non pas de la neutralité belge.

Et puis, qu'avaient vu les garde-frontières, d'après le
rapport? Douze automobiles contenant quatre-vingts voya-
geurs, vêtus d'uniformes d'officiers prussiens. L'un d'eux,
qui en descendit et franchit la frontière, avait été reçu d'une
façon étrange par les garde-forestiers. Il était accueilli, non
pas comme l'avait été le capitaine Köpenick, avec respect,

____

(1) *Die deutschen Dokumente, etc.*, N° 768.

à la vue de l'uniforme, mais avec hostilité. Ces gardes virent
immédiatement que les quatre-vingts hommes en automobiles portaient à tort leur uniforme. Mais, sans plus d'inves-
tigations, ils virent aussi que ces hommes travestis n'étaient
pas Hollandais, mais Français, et même que c'étaient des
officiers français ; qu'ils étaient allés en Hollande par la
Belgique et, de là, à la frontière allemande. Ces messieurs
avaient évidemment préféré, pour traverser inaperçus la
Belgique et la Hollande, revêtir l'uniforme prussien, au lieu
de voyager en habits civils !

Toute cette histoire était aussi insensée que celle, rapportée le même jour, du médecin français arrêté à Metz en
compagnie de deux autres Français, au moment où il infec-
tait des sources avec des bacilles de choléra. Plus tard, on
n'osa plus se servir de ces histoires. Mais, le 2 août, Jagow
était, non seulement, capable de les prendre au sérieux, mais
même d'y rattacher une action diplomatique. Il télégraphia
à Rome l'histoire des bacilles de choléra avec ordre de la
publier dans la presse italienne. Et il adressa la dépêche suivante à l'Ambassadeur à Londres et aux Ministres à Bruxelles
et à La Haye :

« Prière de communiquer au Gouvernement de là-bas que,
ce matin, quatre-vingts officiers français vêtus d'uniformes
d'officiers prussiens, montés dans douze automobiles, ont
tenté de franchir la frontière allemande près de Walbeck
à l'ouest de Geldern. *C'est là, du fait de la France, la
plus grave violation de la neutralité qu'on puisse imaginer.* » (1)

Il fallait avoir complètement perdu la tête pour se rendre
à ce point ridicule aux yeux de l'étranger.

Du reste, Geldern est situé dans le voisinage de Wesel,
où l'on prétendait avoir abattu un aviateur français. Les militaires de cette région frontière paraissent avoir été particulièrement poltrons et enclins à des visions.

Le général von Emmich allait plus loin encore que Jagow.
Dans une proclamation, il motivait de la manière suivante
l'invasion de la Belgique :

« Nos troupes ont agi sous la *pression d'une nécessité
inéluctable,* car la neutralité belge a été violée par des offi-

_____

(1) *Die deutschen Dokumente, etc.,* N° 677.

ciers français travestis, qui ont traversé en automobiles le territoire belge pour se rendre en Allemagne ». (1)

Dans son discours du 4 août, Bethmann-Hollweg n'eut pas honte de faire usage de cette manière insipide de motiver l'invasion. Il admettait que l'invasion de la Belgique « est en contradiction avec le droit des gens », et que le Gouvernement français avait déclaré à Bruxelles qu'il respecterait la neutralité de la Belgique aussi longtemps que l'adversaire la respecterait. Il oubliait de constater que Jagow avait refusé de faire la même déclaration. Il continuait :

« Mais nous savions que la France était prête à envahir ce pays ».

Oui, nous savions déjà, le 29 juillet, que la France était prête à l'invasion le 1er août.

« La France pouvait attendre, mais nous ne le pouvions pas, et une attaque française sur notre flanc, dans la région du Rhin inférieur, aurait pu devenir fatale. C'est ainsi que nous avons été forcés de passer outre aux protestations des Gouvernements luxembourgeois et belge. »

Ici, il n'est plus question d'une violation de la neutralité belge *qui aurait déjà eu lieu*. L'attaque allemande est, au fond, motivée par le seul fait que « nous ne pouvions pas attendre » ; c'en fut aussi la seule raison.

Par le mensonge et la perfidie, la guerre avait été préparée au commencement de juillet ; par le mensonge et la perfidie, elle était commencée dans les premiers jours du mois d'août. Ceci était la conséquence inévitable de cela. Cette fois encore, le méfait devait continuer à engendrer le mal. Le Gouvernement et la direction de l'armée ne pouvaient plus s'émanciper de la tutelle du mensonge auquel ils s'étaient livrés dès le début. Ils devaient monter toujours plus haut cet échafaudage de perfidie jusqu'à son écroulement bruyant du 9 novembre 1918.

____

(1) Cité par le Docteur E. J. Gumbel dans son ouvrage : *Vier Jahre Lüge*, page 9.

CHAPITRE XX

LE MONDE EN RÉVOLUTION

Toute la politique de guerre de Guillaume et de ses gens s'appuyait, dès le début, sur de fausses prémisses. Ils avaient décidé de participer à l'aventure serbe dans l'attente qu'elle fournirait aux puissances centrales l'occasion d'un triomphe facile sur la Russie et probablement aussi sur la France. Ces deux puissances, insuffisamment préparées, ou bien subiraient tranquillement l'affront que l'Autriche infligeait à la puissance russe dans les Balkans, ou bien, si elles se laissaient entraîner à la guerre, seraient aisément vaincues, puisque l'Italie et la Roumanie se tiendraient derrière l'Allemagne et que l'Angleterre resterait neutre. De sorte que l'Allemagne gagnerait, en tout cas, gloire et pouvoir. Si, du conflit, surgissait la guerre, des acquisitions territoriales étaient aussi en perspective.

Or, le 29 juillet, il devenait évident que ce calcul était faux. Il fallait appréhender qu'en cas de guerre contre la Russie et la France, la Roumanie et l'Italie n'y participeraient pas, et qu'avant tout, l'Angleterre deviendrait un adversaire actif. Le jeu menaçait de devenir dangereux. A partir de ce moment, Bethmann-Hollweg tâchait d'en sortir sain et sauf, mais il était trop tard. L'Autriche avait déjà commencé la guerre contre la Serbie et, par sa propre mobilisation, elle avait institué la course aux préparatifs de guerre ; et, lorsque Bethmann-Hollweg voulait sortir de ce stade dangereux, il se heurtait à la résistance du Gouvernement autrichien et de son propre Etat-Major qui ne voyait *qu'une issue* à cette situation tendue : l'entrée en campagne.

perdit enfin complètement la tête et versa de l'huile sur le feu qu'il désirait éteindre. Ainsi, la frivole aventure serbe devenait la terrible tragédie de la guerre mondiale.

Mais, aussi bien que le calcul diplomatique de Bethmann-Hollweg au début de juillet, le calcul militaire de Moltke à la fin du même mois se trouva erroné.

Une entrée rapide en campagne ne pouvait assurer la victoire qu'à la condition que la Belgique se soumettrait sans résistance, et permettrait, sans y mettre obstacle, le passage des troupes allemandes. Alors, le succès allemand était probable, précisément parce que le prétexte imaginé pour justifier l'invasion de la Belgique, ne reposait sur rien ; en d'autres termes, parce que les Français n'avaient pas de sérieux rassemblements de troupes à leur frontière du nord.

Si la Belgique n'avait pas offert de résistance, la direction de l'armée allemande pouvait espérer arriver rapidement, par quelques coups décisifs, à Paris et à Calais, forcer la France à la paix, de même que l'Angleterre dont la porte d'entrée de Douvres serait désormais exposée au tir des canons allemands à longue portée qui, sur ce point, auraient dominé le passage de la Manche. Achever ensuite la Russie n'eût pas été une tâche bien difficile.

Mais la Belgique résista. Elle fut brisée, sans doute, mais donna aux Français le temps de mieux armer leur frontière du nord. A la Marne, l'avance allemande était arrêtée ; la perspective de la victoire militaire s'évanouissait, comme s'était déjà évanouie la perspective de la victoire politique. La continuation de la guerre contre un ensemble de forces supérieures qui, à partir de ce moment, augmentait de jour en jour, devait désormais amener cet anéantissement de l'Allemagne, que Guillaume avait déjà prévu le 30 juillet, deux jours avant sa déclaration de guerre à la Russie. La terrible lutte n'avait plus qu'un but, celui de savoir si, avec l'Allemagne, ses adversaires aussi seraient saignés à blanc. Ce noble but a été complètement atteint quant à la Russie. Il ne l'a pas été au même degré pour la France et l'Italie, moins encore pour l'Angleterre ; quant à l'Amérique et au Japon, ils y ont, au contraire, gagné énormément.

Il est heureux que, par cette guerre, le monde entier n'ait pas été saigné à blanc, car personne ne serait plus resté pour panser les blessures des victimes et les ramener à la vie.

A dater du jour où la Belgique se décida à la résistance et
où l'Angleterre entra en guerre, la position de l'Allemagne
était désespérée.

L'État-Major allemand le reconnut immédiatement ; il en
tira, sans plus de façon, les conséquences à sa manière. Ceci
est prouvé, notamment, par un *Mémoire* que le chef de
l'État-Major adressait le 5 août au Ministère des Affaires
étrangères, et dans lequel la politique de guerre est précisée.
C'est là une preuve nouvelle du fait que le chef d'État-Major
était dorénavant celui de la politique allemande — le Chancelier de l'Empire n'ayant qu'à exécuter ses ordres. Voici le
texte de ce *Mémoire* :

« La déclaration de guerre de l'Angleterre qui, d'après des
informations certaines, était méditée dès le début du conflit,
nous force à épuiser tous les moyens qui peuvent contribuer
à la victoire. La situation grave où se trouve la patrie nous
impose le devoir d'employer tous les moyens susceptibles de
faire tort à l'ennemi. La politique sans scrupule de nos
adversaires nous autorise à procéder sans égard.

« L'insurrection a commencé en Pologne. Elle y rencon-
trera un sol fertile, car déjà à cette heure, nos soldats y sont
salués presque comme des amis. A Wloclavck, par exemple,
on les a reçus par l'offrande du pain et du sel.

« L'Amérique a des sentiments amicaux pour l'Allemagne.
L'opinion publique américaine est indignée des procédés
honteux que l'on a eus à notre égard. Il s'agit d'exploiter le
plus possible ce sentiment. Il faut demander aux personnes
influentes de la colonie allemande de continuer à agir sur la
presse en notre faveur. Il est possible que les États-Unis
puissent être induits à une action navale contre l'Angleterre,
avec le Canada comme prix de la victoire.

« L'insurrection dans les Indes, en Égypte et au Caucase,
est de suprême importance, comme je l'ai déjà expliqué dans
ma lettre du 2 de ce mois, Nº 1 P. Par le traité avec la Turquie, la Chancellerie sera en mesure de réaliser cette idée et
d'exciter le fanatisme de l'Islam. »

(Signé) de Moltke. » (1)

Nous n'insisterons pas sur le fait que M. de Moltke exi-

---

(1) *Die deutschen Dokumente, etc.*, Nº 876.

geait du Chancelier de l'Empire lui-même, l'acceptation de confiance, sans aucune preuve, et seulement d'après de prétendues « informations certaines », d'une affirmation comme celle-ci : « La déclaration de guerre de l'Angleterre était méditée dès le début du conflit ».

Il est terrible de penser que l'État-Major n'ait pas tiré, de la situation désespérée dans laquelle il avait mis l'Allemagne par sa politique, la conclusion à laquelle serait arrivé tout citoyen intelligent, au moins aussi longtemps qu'il n'était pas lui-même infecté de la fièvre guerrière. Il fallait libérer l'Empire, aussi vite que possible, de cette situation dangereuse, par une politique de conciliation et une renonciation catégorique à toute conquête. Au contraire, l'État-Major concluait qu'il fallait maintenant employer *tous* les moyens qui pouvaient faire tort à l'ennemi, sans égard aux conséquences, et *procéder sans le moindre ménagement*. C'est ainsi qu'il entrait dans cette voie d'atrocités préméditées, sans aucune utilité militaire, puisqu'elles pouvaient être imitées par l'adversaire, et retomber ainsi, avec plus d'intensité, sur l'armée et le peuple allemands. Mais, avant tout, ces cruautés ruinaient complètement le renom de l'Allemagne dans le monde. Si l'invasion de la Belgique lui avait enlevé ses derniers amis, les atrocités de la guerre allemande, qui commençaient précisément en Belgique, changeaient en une haine furieuse et un violent mépris, même chez les neutres, le respect que les grandes œuvres de l'Allemagne avaient autrefois mérité, même de ses adversaires. Elles créaient ce sentiment qui rendit enfin possible l'entrée en guerre de l'Amérique, et permit aux vainqueurs de nous imposer des conditions de paix d'une dureté excessive, sans rencontrer chez leurs peuples une résistance suffisante.

Issue d'une nécessité qu'elle avait produite elle-même, qui croyait ne devoir reconnaître aucune loi, cette conduite de la guerre a mis le comble au malheur allemand.

Une chose encore est digne d'attention dans les aperçus de Moltke. Ils développent une idée déjà entrevue par Guillaume le 30 juillet, lors de la consternation qui avait suivi chez lui l'avertissement de l'Angleterre. Déjà alors il envisageait une insurrection chez les Musulmans et aux Indes, sinon pour sauver l'Allemagne, du moins pour ruiner l'Angleterre. Moltke y ajoutait l'insurrection de la Pologne.

Quant aux États-Unis, il espérait les gagner en leur faisant
entrevoir l'acquisition du Canada.

Cette politique ingénieuse fut continuée durant la guerre.
Puisqu'on ne pouvait gagner les États-Unis, on fit entrevoir
au Mexique la perspective d'obtenir quelques États de l'Union
américaine. Mais, en même temps, on cherchait un appui
chez les rebelles irlandais, les anarchistes d'Italie, les dyna-
miteurs d'Amérique et, finalement, chez les bolcheviks de
Russie qui, tous, furent aidés, dans la mesure du possible,
par l'État-Major allemand.

On voit que Lénine et Trotzky ne sont pas les premiers qui
aient vu dans une révolution mondiale produite par leurs
émissaires, le moyen de se sauver d'une situation impossible.
En cela, ils avaient été devancés par Guillaume et de Moltke.

Comme ils l'avaient fait dans leur action de politique
mondiale, ils abordaient celle-ci sans aucune connaissance
approfondie du milieu qu'ils voulaient dominer ou influencer.
Ils employaient les moyens les plus ineptes, appelaient à
leur aide les facteurs les moins appropriés et se laissaient
bercer des espérances les plus irréalisables.

Un exemple de la manière dont on cherchait à révolter le
monde de l'Islam est raconté par Bernard Shaw :

« Vers les débuts de la guerre, le Gouvernement allemand,
désirant fomenter contre les Français une révolte au Maroc
et en Algérie, fit circuler à cet effet une feuille volante,
conçue dans le meilleur style arabe, où il était dit que j'étais
(Shaw), un grand prophète, et que j'avais dit un jour à un
sénateur américain, que la violation de la neutralité belge
était un épisode de la guerre et non sa cause. Il m'est tout à
fait impossible de suivre le cheminement de cette idée allemande ; elle aboutissait à la conclusion que quelque cheik
mauresque pourrait être enclin à prendre les armes, parce
que quelque chien de chrétien aurait fait, à un autre chien
de chrétien, une observation, non seulement sans intérêt,
mais même parfaitement incompréhensible pour un Marocain. Mais les Allemands avaient cette idée et dépensaient
de l'argent pour cela. » (1)

Ils y perdaient non seulement de l'argent, mais malheureusement aussi, leur renom d'honnêteté, car ils ne se bor-

____

(1) *Peace conference Hints*, page 90 (Londres, 1919).

maient pas à faire circuler des feuilles volantes chez l'ennemi, ils se servaient encore de la protection que l'exterritorialité donnait à leurs Légations chez les neutres, pour provoquer des attentats des genres les plus divers contre la vie et la propriété de la population civile des nations ennemies.

Ils n'obtinrent, d'ailleurs, aucun succès, sauf à l'est. Comme la politique allemande, consistant à saigner à blanc ses adversaires en même temps que l'Allemagne, n'atteignit son but qu'en Russie, c'est là seulement que la révolution fut complète. Les deux buts étaient liés l'un à l'autre de la manière la plus étroite, et la débâcle militaire russe aurait été également suivie de la chute du tsarisme, si le bolchevisme n'avait pas été appuyé par le Gouvernement allemand.

Là aussi, le caractère borné de la politique allemande se montrait en ceci, qu'elle ne s'aperçut pas qu'en faisant effort pour mettre le feu à la maison du voisin, elle incendiait sa propre maison.

Elle avait la superstition, qu'elle partageait, en effet, avec beaucoup de partisans de la révolution mondiale, que des révolutions peuvent être provoquées à volonté par des émissaires remuants et habiles, et disposant des fonds nécessaires. Mais elle avait aussi cette autre superstition qu'on pouvait, à volonté, commander aux esprits qu'on soulevait, et les mettre à l'écart quand leur œuvre était terminée.

Ce fut un acte d'une myopie incroyable — de la part d'une Monarchie militaire, capitaliste et agraire, haïssant comme la peste l'antimilitarisme et la révolution sociale — que l'aide donnée aux défenseurs les plus décidés de la révolution prolétarienne et de l'insubordination militaire, qu'étaient les bolcheviks, dans le stade de leur lutte pour la conquête du pouvoir politique. La Révolution russe, et surtout son deuxième acte, la victoire du bolchevisme, ont produit l'impression la plus profonde sur le prolétariat allemand, ainsi que sur l'armée allemande, et ont puissamment augmenté leur fermeté révolutionnaire. Le fait que la sympathie des hommes de l'État-Major allemand pour les bolcheviks, s'est ensuite changée en la haine la plus acharnée, n'a pas diminué la répercussion révolutionnaire du bolchevisme sur l'Allemagne, mais l'a augmentée au contraire.

Ainsi, les potentats qui ont déchaîné la guerre mondiale, ont, finalement été battus par leurs propres armes. En ce sens, l'histoire du monde en fut aussi le jugement dernier, ce qui ne lui arrive pas souvent, car le monde ne procède pas d'après le principe téléologique.

Le 30 juillet 1914, avant de déclarer la guerre, Guillaume avait déjà eu le pressentiment de la catastrophe. Si la Pompadour est censée avoir prononcé les mots : « Après nous le déluge ! » Guillaume pouvait en faire cette variante : « *Tenir ferme* jusqu'au déluge ! »

CHAPITRE XXI

LA GUERRE MONDIALE

ET LE PEUPLE ALLEMAND

Depuis la publication des documents autrichiens, chacun est d'accord que les hobereaux allemands qui ont déchaîné la guerre, ont agi avec une légèreté et une myopie indicibles. Le débat tourne seulement autour des qualités morales des coupables. Cette question est importante pour apprécier les *personnes*, mais non les *institutions*. Quel que soit le jugement *moral* — après examen des documents allemands, il ne peut guère être mis en discussion —, il était depuis longtemps possible de prononcer le verdict politique. Il condamnait la subordination du pouvoir civil au pouvoir militaire, — et la monarchie.

Nous avons déjà observé, dans les pages qui précèdent, au sujet du cas Szögyeny, qu'un homme d'État idiot est, pour la communauté, plus dangereux qu'un coquin.

Que des coquins arrivent à la tête des affaires, cela ne peut être empêché par aucune constitution, quelle que soit la prévoyance avec laquelle elle ait été conçue, ni par la démocratie, ni par le soviétisme, ni par une aristocratie quelconque, fût-ce une aristocratie de philosophes, d'après le modèle de Platon. Mais, sous une constitution d'État, de parti, de commune, d'église, ou une organisation quelconque, dont la direction n'est octroyée qu'à ceux qui ont acquis la confiance générale des participants, un coquin ne pourra arriver à la tête qu'après avoir rendu de grands services à la communauté, grâce à une intelligence supérieure qui en impose aux autres. Le fait qu'à l'occasion, non seulement des coquins, mais aussi des idiots ou des fous, arrivent à dominer, n'est possible que dans le cas d'une monarchie héréditaire, qui fait dépendre la personnalité du chef de l'État, non des services qu'il rend, mais des hasards de sa naissance.

Cependant, le personnel du régime qui nous valut la guerre, n'était pas complètement dépourvu de jugement. Autant le Gouvernement de l'Empire se montrait inepte et ignorant en politique extérieure, autant il savait acquérir, dans les journées décisives, la confiance du peuple allemand, et ce, à un degré croissant, à mesure qu'il perdait celle des autres peuples.

Nous avons vu avec quelle énergie la social-démocratie allemande s'était élevée contre la provocation frivole à la guerre mondiale que constituait l'ultimatum autrichien à la Serbie, et de quel mauvais œil Guillaume avait vu les démonstrations des socialistes pour la paix, envisageant contre eux l'éventualité de mesures de rigueur.

Si la social-démocratie allemande avait su que le Gouvernement n'était pas surpris par l'ultimatum autrichien ; que, déjà avant sa remise à Belgrade, il en connaissait bien, sinon le texte littéral, du moins la tendance pratique ; et qu'il n'était pas le tiers paisible, cherchant à s'entremettre entre l'allié et son adversaire, mais le complice de l'Autriche ; — elle se serait tournée, on pouvait y compter avec certitude, étant donnée son attitude d'alors, contre le Gouvernement allemand avec la même raideur que contre le Gouvernement autrichien. Alors Guillaume aurait dû renoncer à la guerre ou la commencer par l'arrestation de tous les chefs socialistes, c'est-à-dire, déclarer en même temps la guerre à l'Entente et au prolétariat allemand. Le système alors régnant aurait été perdu d'avance ; mais le peuple allemand aurait été sauvé. Aussi ce danger, que couraient les dirigeants de l'Empire, fut-il reconnu par Bethmann-Hollweg. Il s'efforça beaucoup moins d'empêcher la guerre que de lui donner, aux yeux du peuple allemand, une base morale favorable. Il y appliqua toute son attention et toute sa sagacité. Dans cette tâche il réussit. Le peuple allemand ne devait rien apprendre de tout ce qui, depuis l'attentat de Sarajevo, s'était réellement passé entre l'Autriche et l'Allemagne. On ne pouvait

empêcher qu'une forte indignation contre les procédés autrichiens, se fît jour, mais on conservait l'auréole d'ami de la
paix, dont la tâche était seulement rendue difficile par une
deuxième particularité de l' « âme allemande », — aussi digne
d'éloges que l'amour de la paix —, la fidélité envers l'ami
dans l'épreuve.

L'étranger, il est vrai, s'était méfié dès le début. Nous en
avons déjà vu les preuves chez des hommes d'État français et
anglais. Le baron belge Beyens écrivait, le 26 juillet, de
Berlin à Bruxelles :

« L'existence d'un plan concerté entre Berlin et Vienne
est prouvé aux yeux de mes collègues et aux miens par l'obstination avec laquelle on s'efforce de nier à la Wilhelmstrasse
avoir eu connaissance avant jeudi dernier (23 juillet), du
contenu de la note autrichienne. »

Mais les plus méfiants ignoraient jusqu'où allait ce « plan
concerté ». Le peuple allemand avait moins d'esprit critique.
Des doutes s'élevaient aussi dans ses rangs, il est vrai, mais,
en général, ceux-là même qui croyaient le Gouvernement de
Guillaume capable de toutes les scélératesses, ne pensaient
pas qu'il pourrait avoir la sottise de risquer la paix du monde
et l'avenir de l'Allemagne pour satisfaire les doléances de
l'Autriche au sujet de la Serbie.

Et, tandis qu'à l'étranger la méfiance vis-à-vis de l'Allemagne augmentait par suite de son attitude singulière, une irritation contre la Russie croissait rapidement à l'intérieur. Car
le Gouvernement allemand savait utiliser avec la plus grande
habileté, le mécanisme de la circulation des nouvelles qui, en
ces jours où commençait l'isolement, devenait, pour la masse
du peuple allemand, la seule source d'information de politique extérieure. Celui qui ne connaissait que ces nouvelles,
devait croire fermement que l'Allemagne travaillait fiévreu-
sement au maintien de la paix, qu'elle réussissait à y gagner
l'Autriche, mais que la Russie était décidée à saisir l'occasion de faire la guerre. Ainsi, aux yeux du peuple allemand,
la Russie était finalement l'État perturbateur, l'agresseur ;
la France, et plus tard, l'Angleterre, étaient ses criminels
complices.

Nous avons un témoignage de la profondeur à laquelle
cette conception avait pris racine. Le 7 juin 1915, le Roi de
Bavière pouvait oser la remarque citée plus haut :

14

« La *déclaration de guerre de* la Russie fut suivie par celle *de* la France ! »

Et, aujourd'hui encore, dans le *Livre blanc*, de juin 1919, les quatre « Allemands indépendants », après avoir pris connaissance des documents, certifient que la guerre était pour l'Allemagne, une « *guerre* inévitable *de défense* » contre la Russie. (Page 44)

On se trouvait, en apparence, en présence de la situation que la social-démocratie allemande avait déjà envisagée à plusieurs reprises, et sur laquelle les plus internationalistes de ses membres n'avaient laissé aucun doute, à savoir qu'ils croyaient indispensable de s'opposer à la Russie, et, si cette dernière était soutenue par la France, de prendre également parti contre la France.

Vers 1900, Bebel avait déclaré que, si une guerre éclatait avec la Russie « qui, non seulement, était à l'intérieur, l'adversaire de toute culture et de toute liberté, mais aussi l'ennemi le plus dangereux de l'Europe, et en particulier de nous autres Allemands », il « prendrait le fusil ». Il citait et confirmait ces paroles en 1907, au Congrès du Parti tenu à Essen. (1)

Déjà, longtemps auparavant, Frédéric Engels s'était prononcé à ce sujet, en 1891, quand « l'ivresse du champagne échauffait, à Cronstadt, les têtes de la bourgeoisie française », alors que l'alliance franco-russe était en préparation et que la France lui paraissait « mûre pour faire, au service de la Russie, des sottises pour ainsi dire démesurées. »

A cette époque, il croyait utile, pour empêcher « qu'au dernier moment un malentendu fût créé entre les socialistes français et allemands, d'expliquer aux premiers quelle serait, à son avis, l'attitude nécessaire de ceux-ci en face d'une telle guerre ».

Il publia à ce sujet un article dans l'*Almanach du Parti ouvrier* pour 1892.

Il y partait de l'idée que ni l'Allemagne, ni la France ne provoqueraient la guerre, car elle dévasterait l'une et l'autre sans aucun profit.

« La Russie, par contre, protégée par sa position géographique et économique contre les suites les plus ruineuses

-----

(1) Procès-verbal, page 255.

d'une défaite, la Russie officielle seule peut avoir intérêt à une guerre aussi terrible et chercher directement à l'amener... Mais, en tous cas, dans la situation politique présente, on peut parier dix contre un qu'au premier coup de canon sur la Vistule, les armées françaises marcheront sur le Rhin.

« Alors l'Allemagne luttera simplement pour son existence...

« Que deviendraient, dans ces circonstances (si l'Allemagne était vaincue), le parti social-démocrate allemand? Une chose est certaine, ni le Tsar, ni la bourgeoisie républicaine de France, ni le Gouvernement allemand lui-même, ne laisseraient passer une aussi belle occasion d'écraser le seul parti qui est leur « ennemi » à tous...

« Mais si la victoire des Russes entraîne l'écrasement du socialisme allemand, quel sera alors le devoir des socialistes, en présence d'une pareille perspective? Devront-ils subir passivement les événements qui les menaceront de ruine?...

« Point du tout. Dans l'intérêt de la Révolution européenne, ils sont tenus de maintenir toutes les positions conquises, et de ne capituler ni devant l'ennemi extérieur, ni devant l'ennemi intérieur. Et ils ne peuvent le faire qu'en *combattant à outrance la Russie et tous ses alliés,* quels qu'ils soient. Si la République française se mettait au service de Sa Majesté le Tsar, l'autocrate de toutes les Russies, les socialistes allemands la combattraient avec regret, mais n'hésiteraient pas. » (1)

Ces idées avaient encore cours en 1914 dans la social-démocratie allemande. Elles partaient de l'opinion que l'impulsion ne pourrait venir que de la Russie, non pas de l'Allemagne. Dix ans après l'article d'Engels, j'avais désigné la Russie parmi les perturbateurs de la paix européenne, non pas l'Allemagne. Plus tard, il est vrai, je n'avais pas répété cette observation. Depuis lors étaient survenus, d'un côté, la défaite russe dans la guerre contre le Japon et la Révolution, et, de l'autre, les armements navals de l'Allemagne, et sa politique active dans le monde musulman.

La Russie, travaillée par la Révolution, était désormais moins dangereuse pour la démocratie européenne que la

______

(1) *Der Sozialismus in Deutschland.* NEUE ZEIT, X, 2, pages 585-6.

monarchie militaire allemande, encore inébranlée et beaucoup trop prépondérante.

Et au surplus, en aucune manière, le Gouvernement allemand et le Gouvernement autrichien — qui, en 1914, gou-
vernait sans Parlement, ce qu'alors le Tsar n'osait plus faire
— ne pouvaient être considérés comme combattant l'absolu-
tisme tsariste.

Une Russie révolutionnaire leur aurait paru plus dangereuse qu'une Russie tsariste, de même qu'une Serbie libre
passait pour leur pire adversaire.

Les annotations marginales de Guillaume à un rapport de
Pourtalès, daté de Pétersbourg, le 25 juillet, sur une conversation avec Sazonow sont significatives à cet égard. Pourtalès écrivait (1) :

« Mon allusion au principe monarchique (2), fit peu d'impression sur le Ministre. La Russie savait ce qu'elle devait
au principe monarchique. »

A quoi Guillaume répondait :

« *Après sa fraternisation avec la République sociale française, elle ne le sait plus.* »

A côté de ce blâme sévère de l'Empereur d'Allemagne,
prononcé *pour cause de sympathie exagérée pour les répu-
blicains*, et même pour une « République sociale », les annotations marginales de ce rapport contiennent encore une
phrase significative, qui témoigne de l'insouciance avec
laquelle Guillaume envisageait, le 25 juillet, la guerre contre
la Russie. Pourtalès rapportait :

« Sazonow s'écria : Si l'Autriche-Hongrie dévore la Serbie,
nous lui ferons la guerre. »

Ce qui fait faire à Guillaume cette simple exclamation :

« *Eh bien ! allez-y !* »

La Révolution russe et la politique mondiale allemande
avaient créé une situation fort différente de celle de 1891.
Mais l'ancienne conception que la guerre contre la Russie
était la « guerre sainte » de la social-démocratie allemande,
était encore vivace, et, jointe aux nouvelles tendancieuses

____

(1) *Die deutschen Dokumente, etc.*, N° 160.
(2) Qui serait lésé par la Serbie.

allemandes, elle amena beaucoup de bons socialistes et internationalistes à voter, le 4 août, les crédits de guerre ; ils ne
croyaient pas, ainsi, renier leurs principes, mais les affirmer,
au contraire, et de la manière la meilleure.

Cependant, il serait exagéré de croire que tous les social-
démocrates allemands, eussent été mus par de telles considérations. Certains d'entre eux étaient déjà, avant la guerre,
épris de pensée nationaliste — et non pas nationale. Par
nationale, on peut entendre la détermination du peuple par
lui-même, respectant celle de tout autre, et subordonnant
l'intérêt national aussi bien que l'intérêt privé, à l'intérêt
total du prolétariat international et de l'humanité. Un nationaliste, par contre, est celui pour qui sa propre nation vaut
plus que les autres, qui a plus à cœur les intérêts des adversaires de classe de son pays, que ceux de sa propre classe
chez les autres peuples.

De tels éléments existaient déjà, avant la guerre, dans la
social-démocratie allemande, comme probablement, dans
presque tout autre parti socialiste. La guerre et le sentiment
belliqueux naissant, développaient puissamment le nationalisme dans les rangs socialistes — et cela, non plus seulement en Allemagne.

Le nationalisme s'y était aussi développé en raison de la
croissance rapide du parti socialiste ; et plus celui-ci croissait en nombre avant la guerre, moins il avait de possibilité
de faire l'éducation politique de ses adhérents.

Nulle part cette augmentation n'avait fait de tels sauts
qu'en Allemagne, où le nombre des électeurs socialistes augmentait d'un million de 1907 à 1912. La guerre et ses conséquences ont fait ressortir à l'évidence la force de la pensée
nationale dans tous les pays. Mais, pour la grande masse
non éduquée, la pensée nationale se transforme facilement
en pensée nationaliste, surtout lorsque le pays est en grand
péril, si elle n'est pas paralysée par d'autres facteurs plus
puissants, comme par exemple une politique acharnée de
persécution.

Guillaume était enclin à une telle politique. Si sa volonté
n'a pas été réalisée, il faut sans doute en attribuer le mérite
à Bethmann-Hollweg. Ce fut probablement le seul acte avisé
de cette époque.

Il faut ajouter que la masse des indifférents qui se recrutaient dans tous les milieux, et surtout chez les intellectuels, saluaient la guerre dans l'attente qu'elle serait courte, et escomptaient déjà la victoire, tandis qu'on rapportait de Pétersbourg, lors de l'explosion de la guerre, qu'il y régnait un sentiment de dépression, et que les Français entraient en campagne, silencieux et sombres et les dents serrées.

Du jour au lendemain, le sentiment du peuple allemand s'enflammait d'un enthousiasme belliqueux pour repousser l'ennemi du pays par lequel il se croyait indignement assailli et menacé d'anéantissement.

La majeure partie de la social-démocratie allemande, et, à plus forte raison, le reste du peuple, se laissait gagner par ces influences. Si, le 28 juillet, Guillaume avait encore menacé d'arrestation les socialistes, il pouvait, dès le 1er août, proclamer qu'il ne connaissait plus de partis ; en d'autres termes ils avaient tous capitulé devant lui.

Ainsi, la tactique de Bethmann-Hollweg avait réussi dans cette œuvre ; faire du peuple allemand le complice de la politique belliqueuse du Gouvernement ; le peuple y donnait son consentement et l'appuyait jusqu'à la débâcle militaire.

Mais, ce n'était pas pour la *véritable* politique de Guillaume et de son Gouvernement qu'il risquait ses biens et sa vie ; c'était pour une politique qui, sans aucune réalité effective lui était frauduleusement présentée, et était rendue plausible par tous les moyens mensongers, jusqu'à sa honteuse terminaison.

Cela résulte précisément, et avec la plus grande évidence, des documents du Ministère des Affaires étrangères. Ils montrent que, parmi les peuples sacrifiés à la politique belliqueuse de Guillaume, le peuple allemand se trouve au premier rang. Dans la mesure où ils chargent le régime impérial, ils innocentent le peuple allemand, car ils attestent, de la manière la plus claire, que celui-ci se faisait, bien moins que les autres peuples, une idée du cours véritable des événements qui amenaient la guerre. Toute possibilité de la critique des faits et de l'instruction des masses, par ceux des hommes politiques qui, de quelques symptômes, déduisaient la vérité, était rendue impossible dans l'Empire allemand durant la guerre.

Mais, les autres Gouvernements n'ont-ils pas fait également, des affirmations trompeuses sur l'origine de la guerre ?

Cela est possible. D'après le mot connu de Bismarck, on ne
ment jamais autant qu'avant une guerre, pendant une élec-
tion et après une chasse. Et le régime tsariste n'a jamais
passé pour fanatique de vérité. Mais, en 1914, les Gouvernements de l'Entente n'avaient pas, comme les puissances
centrales, de raison d'égarer leurs peuples. Car, ni la France,
ni l'Angleterre, ni la Russie, ne voulaient alors la guerre ;
elles la craignaient et avec raison, en présence de leurs difficultés intérieures et de l'insuffisance de leurs armements.

En outre, la période des préparatifs de guerre, qui pouvaient rendre nécessaires l'affirmation de contre-vérités et
les dissimulations, ne commença, pour les adversaires de
l'Allemagne, que le 24 juillet, après la publication de l'ultimatum autrichien qui, pour la première fois, faisait apparaître le danger. Pour les Empires centraux, l'époque où l'on
commença de voiler, de taire, d'égarer, date du 5 juillet.
Entre les 5 et 23 juillet, ils construisaient, sans être dérangés
du dehors et sans raison pressante, cet échafaudage de mensonges sur lequel s'appuya toute la conduite de la guerre.

On ne peut rendre de meilleur service au peuple allemand
que celui de dévoiler les mensonges qui l'ont egaré. Ils le
déchargent, en effet, *moralement* aux yeux du monde.

Mais l'innocence *morale* serait incomplète sans l'innocence
politique.

Égaré par les hommes d'État des Hohenzollern et des
Habsbourg, le peuple allemand devint l'instrument docile
de leurs projets et fut, ainsi, mis dans une fausse position.
Presque jusqu'à la fin de la guerre, et bien souvent encore
depuis, la grande majorité du peuple allemand se sentait
solidaire de ceux qui l'avaient trompé et conduit à la ruine
avec toute l'Europe. Elle s'aveugla devant leurs crimes et
soutint passionnément leur innocence.

Le peuple allemand fut ainsi, malgré son innocence morale,
chargé pourtant de la culpabilité politique de ses gouvernants et de leur entourage, et il devint l'objet de la haine
sauvage et de l'exécration du monde entier qui, après sa
défaite, lui imposa les conditions de paix les plus terribles
et le traita comme un ramassis de lépreux.

Celui qui aime le peuple allemand, non seulement l'Allemand national, mais aussi le socialiste et le démocrate auquel
chaque nation est également chère, doit tendre à le libérer

de cet anathème, et à le délivrer de l'affreux fardeau dont l'a écrasé l'ancien régime.

Ce procès du relèvement du peuple allemand dans l'estime internationale est continuellement entravé, non seulement par ceux qui sympathisent encore avec le régime déchu ou sont même ses véritables complices, mais aussi par les hommes politiques qui, bien qu'ayant maintenant reconnu le caractère pernicieux de ce régime, ne peuvent se résoudre encore à voir les choses telles qu'elles furent.

Ils croient servir le peuple allemand et démontrer son innocence, en niant la culpabilité de ses anciens maîtres. Mais ils ne font ainsi que perpétuer l'apparence de sa culpabilité, puisque celle de ses maîtres d'hier devient de jour en jour plus évidente.

Il faut espérer que les documents allemands et autrichiens, maintenant publiés, rendront impossible la continuation de cette politique perverse, comme ils doivent rendre impossible le retour des monarchies militaires des Hohenzollern et des Habsbourg.

Ce que quelques socialistes et pacifistes allemands, courageux et clairvoyants, avaient déjà reconnu et proclamé ouvertement pendant la guerre, — à savoir que le peuple allemand a été trompé de la manière la plus infâme par son Gouvernement, qu'il a été victime du mensonge, et qu'ainsi seulement il a pu être poussé à la guerre, — devrait être admis enfin sans conditions ni réserves et sans la recherche de coupables à l'étranger, par tous les éléments honnêtes d'Allemagne qui n'ont pas mis toute leur confiance en le caractère divin des Hohenzollern.

Ce serait le meilleur moyen de rendre à l'Allemagne la confiance des peuples et de refouler chez les vainqueurs l'influence de la politique militariste qui est devenue à l'heure présente le danger le plus grave pour la paix et la liberté du monde.

TABLE DES MATIÈRES

ACHEVÉ D'IMPRIMER

LE VINGT-SEPT OCTOBRE MIL NEUF CENT VINGT

PAR

E. PICQUOIN

IMPRIMEUR A PARIS

Ancienne Librairie SCHLEICHER — Alfred COSTES, Éditeur

Paris, 8, Rue Monsieur-le-Prince, Paris

COMTE (A.). — **Cours de philosophie positive.** 6 volumes in-8° écu.
Edition identique à la première.
Chaque volume.. **4 fr. 90**
    Tome I : Préliminaires généraux et philosophie mathématique.
    Tome II : Philosophie astronomique et philosophie physique.
    Tome III : Philosophie chimique et philosophie biologique.
    Tome IV : Partie dogmatique de la philosophie sociale.
    Tome V : Partie historique de la philosophie sociale en tout ce qui
concerne l'état théologique et l'état métaphysique.
    Tome VI : Complément de la partie historique de la philosophie sociale
et conclusions générales (avec eau-forte de Maurice Froment).
    — **Discours sur l'esprit positif.** In-8°................. **3 fr.** »

FRIEDLAENDER (L.), professeur à l'Université de Kœnigsberg. — **Mœurs
romaines du règne d'Auguste à la fin des Antonins.** Trad. sur la
deuxième édition allemande avec des considérations générales et des
remarques, par Ch. Vogel. 4 volumes in-8°. Chaque volume. **12 fr.** »
    Tome I : La ville et la cour, les trois ordres, la société et les femmes.
    Tome II : Les spectacles et les voyages des Romains.
    Tome III : Le luxe et les beaux-arts.
    Tome IV : Les belles-lettres, la situation religieuse et l'état de la philo-
sophie.

HAECKEL (E.), professeur à l'Université d'Iéna. — **Les énigmes de
l'univers, études de philosophie moniste.** Traduit de l'allemand
par Camille Bos. 1 vol. in-8° carré de 400 pages (1920)...... **10 fr.** »

    — **Histoire de la création des êtres organisés,** d'après les lois
naturelles. Sur la doctrine de l'Evolution en général et celle de Darwin,
Gœthe et Lamarck en particulier. Traduit par le D^r Ch. Letourneau et
revu sur la septième édition allemande. 1 volume in-8° de 612 pages avec
20 gravures sur bois, 21 tableaux généalogiques, 18 planches hors texte dont
5 en couleurs et une carte hors texte en 12 couleurs (1920). **30 fr.** »

    — **Les merveilles de la vie.** Trad. de l'allemand par Victor Dave et
A. van Gennep. 1 vol. in-8° de 384 pages (21ᵐ mille). Prix... **6 fr. 75**

    — **Lettres d'un voyageur dans l'Inde.** Traduit de l'allemand par le
Dr Charles Letourneau. 1 vol. in-8° cartonné à l'anglaise..... **15 fr.** »

LAVROFF (P.). — **Lettres historiques.** Traduit du russe et précédé
d'une préface bio-bibliographique de Marie Goldsmith. 1 vol. in-16 avec
portrait en frontispice.................................... **4 fr. 90**

MULLER (M.), professeur à l'Université d'Oxford. — **Origine et développement de la religion,** étudiés à la lumière des religions de l'Inde.
Leçons faites à Westminster Abbey, traduites de l'anglais par J. Darmes-
teter. 1 vol. in-8°.. **14 fr.** »

MARX (K.). — **L'Allemagne en 1848. Karl Marx devant les jurés
de Cologne. Révélations sur le procès des communistes.** Traduit
de l'allemand par Léon Rémy. 1 vol. in-16................. **5 fr. 75**

SPENCER (H.). — **Les premiers principes.** Trad. sur la sixième édition
anglaise complètement revue et modifiée par l'auteur, par M. Guymiot.
1 vol. in-8° de 508 pages avec portrait en héliogravure (1920). **20 fr.** »

* 9 7 8 2 3 2 9 1 7 6 3 7 6 *